成功班主任案头必备

班主任新型工作方法精选

李延玲　编

航空工业出版社

北　京

内 容 提 要

班主任工作是一门科学，也是一门艺术。班主任要结合当前学生的特点和社会形势，科学把握不同年龄阶段和不同性格学生身心发展的规律，努力探索新型的工作方式和方法，进一步提高班主任工作的针对性和实效性。本书分别从启学、励志、德育、班务、随机教育、纠错和助考等7个方面就班主任工作方法进行了全面、细致的阐述。

本书适合中小学班主任阅读，也可作为教师培训教材及图书馆收藏。

图书在版编目（CIP）数据

班主任新型工作方法精选/李延玲编.—北京：航空工业出版社，2017.10 （2022.3 重印）
ISBN 978-7-5165-1335-4

Ⅰ.①班… Ⅱ.①李… Ⅲ.①中小学－班主任工作－工作方法 Ⅳ.①G635.16

中国版本图书馆CIP数据核字(2017)第233320号

班主任新型工作方法精选
Banzhuren Xinxing Gongzuo Fangfa Jingxuan

航空工业出版社出版发行
（北京市朝阳区京顺路5号曙光大厦C座四层　100028）
发行部电话：010-85672663　010-85672683

永清县晔盛亚胶印有限公司印刷　　全国各地新华书店经营
2017年10月第1版　　2022年3月第2次印刷
开本：710×1000　1/16　　印张：14　　字数：160千字
印数：5001—11000　　定价：28.00元

前　言

教师是塑造人类灵魂的工程师，而班主任则是战斗在这一阵地最前沿的战士，是一班之魂。据统计，全国有中小学生2亿多人，有中小学教师近1000万人，其中班主任大约有500万人。他们承担着独特而艰巨的任务，活跃于教育前沿阵地。

教育是艺术，但它首先需要科学的审视，需要我们以理性、客观、严谨的态度，去了解可以做什么，不可以做什么，怎样做才能避免工作过程中的失误，怎样做才能达到预期的结果。这样，才能避免出现因悟性不同而产生巨大差异的情况，才能使班主任在工作中尽快找到方向，从而确保基本的教育质量，不使学生为班主任工作的盲目性与随意性“埋单”。

不管是课改前还是课改后，管好一个班级，犹如搞好一个系统工程，班主任从任职那天起就要有十分强烈的“质量”意识，要真正在培养学生高尚情操、塑造学生美好心灵上下功夫。班主任只有树立起全新的教育观、质量观、人才观，才能培养出适应21世纪竞争形势的创新人才。因此，班主任不仅应该具有崇高的职业道德、无私的敬业精神、渊博的专业知识和科学的教育理论，以及现代教育观念和开拓创新精神，而且还需要不断提高自身的素质修养与专业工作技能，科学而艺术地教育孩子。

《成功班主任案头必备》丛书对班主任的角色、任务、操作系统进行了界定：班主任是全面关心学生发展的人，是学生的精神关怀者，是学生生命中的“重要他人”。因此，班主任应学会精神关怀，学会班级建设，应在具有发展性的班级教育系统中，促进学生的全面发展。

这是一套集思广益的书，分别从班主任的师德修养、心育艺术、语言艺术、新型工作方法、精选教育案例等方面进行了大量翔实、具体、生动的描述，并有针对性地进行了分析提炼，对班主任提高自身的素质和工作技能具有较大的借鉴价值和实用价值，具有一定的指导作用和启发意义。

希望本丛书的出版，能为广大班主任提升自身素质和专业技能提供一定的帮助，推动我国班主任工作事业向着新的高度迈进。

编　者

目录

Contents

第三编　德育篇

班主任要做好学生德育工作，必须全面深入了解、研究学生，争取社会有关方面和学生家长的配合，共同对学生进行教育。班主任特别要精心组织，培养健全的班集体，并把集体教育和个别教育结合起来，力争使班主任德育工作真正达到寓德育于教学之中，寓德育于活动之中，寓德育于学生自我教育之中，寓德育于管理之中。

第四编　班务篇

现在的学生，大多是独生子女，家庭给予子女过多的爱，而子女们往往精神承受力差，个人占有欲强，但同时，他们思想活跃、接受现代信息能力强，却缺乏辨析选择的能力。面对这样

学生在成长过程中，犯错误的原因是多种多样的，如果不做深入的调查了解，一味训斥，或以简单的处罚了事，不仅于事无补，相反，还往往会引发学生的逆反心理和抵抗情绪。只有真正注意心理交流，并与他们平等相处，才能将“理”通过“情”在心灵内化，才能转化为符合现代社会要求的思想和行动。

迎考动员必须做，而且要巧妙生动地做！怎样对待学习，怎样迎接考试，怎样鼓舞士气，激励学生勇敢地攀上高峰，这也是班主任的一项任务。班主任们应精心思考，准确掌握学生的心理，出色地完成这项任务。

第一编

启学篇

启发式教学在现代教育中显得尤为重要，而教学民主是启发式教学的核心。它的建构需要教师营造无拘无束、平等融洽、宽松和谐、鼓励创造的课堂氛围，以疑启学、以思启学、以情启学，使学生更能自觉、积极、主动地投入到自主探究的学习中。

启发式教学为古代伟大教育家孔子首创。几千年来,启发式教学原则在教学实践中不断发展、完善,发挥了积极的作用。当今,世界已经进入了一个崭新的时代,一切都在以令人目眩的速度向前发展。在这种高速发展的现代教育中,启发式原则就显得尤为重要。那么,如何有效地运用启发式教学原则呢?

一、刺激兴趣

在教学中,教师把学生学习过程中的兴趣和动机赋予感情色彩,学生的学习活动就不会感到枯燥和单调。“知之者不如好之者,好之者不如乐之者。”这是情感作用的生动反映。赞科夫曾经说:“如果班级里能够创造一种推心置腹地交流思想的气氛,孩子们就能把自己的各种印象和感觉、怀疑和问题带到课堂上来,展开无拘无束的谈话,而教师以高度的机智引导并且参加到谈话里去,发表自己的意见,就可以达到期望的教育效果。”我们只要处理好了学生主体性的发展(即学生主动的学习兴趣的培养)与完成教学任务,与活跃课堂气氛的关系,就一定能创造出赞科夫描述的这种境界,启发式的课堂教学和探究式的课堂学习也一定能得到成功地实施。这是启发式教育的基础,方法很多,一般有:

(一)形象刺激法

人们认识事物往往从形象开始,运用形象可以很好地刺激学生学习兴趣,因此,在教学中要注意形象性,除了使用形象生动的语言以外，还辅之于幻灯、录音、录像、实验等现代化的教学手段，来刺激和强化其学习动机。

（二）竞争刺激法

竞争是激发学习积极性的有效手段。国外许多心理学的研究证明，人在竞争过程中，获得自尊和自我成功的需要更强烈，学习兴趣和克服困难的毅力大大增强。因此，在教学过程中要适当地展开竞赛，造成学生力争上游的心理。

（三）成果反馈法

学生及时了解学生结果，包括看到自己所学知识在实际中应用的成效，解答习题中的正确与错误，学习成绩的好坏等都可激起刻苦学习的动机，因为知道结果，看到自己的进步，可使学习的态度、手段得以加强，激起学习的愿望，同时，通过反馈又能看到自己的缺点，激起上进心，树立克服困难的决心。因此，在教学中，要对学生正确评价，引导学生及时总结自己，认识自己，刺激自尊心，增强学习的信心和勇气。

二、创设情境

只具有很高的学习兴趣，不一定就有很好的效果。因而学生的学习兴趣激起之后，又需要创设"问题情境"，树立学习的"靶子"，启发学生积极的思维。

（一）语言提示式

这种提示决不是简单的问答式，也不是死板封闭的“请君入瓮”式，而是由教师直接提出与教材有关的问题，使学生抱着解决问题的态度去学习，为解决问题而学，效果一定会好些。

（二）活动提示法

即让学生通过参加一些活动而提出问题，激发学生去学习、探索。如写观察日记、做实验、搞调查等。

三、善于诱导

“疑”可以启迪学生思维，提高学生的思维能力和学习主动性。教师在教学中有目的、有方向地进行蕴含吸引力的思维引导，引导学生质疑问难，有意创设问题情境，是打开学生心灵之扉，促使他们开动脑筋的一把“金钥匙”。学生有疑，仅是起点，有疑不问不思，终不能解，更谈不上上进。所以教学中，教师仅仅启发学生“生疑”还不够，还必须进而“激思”，激发学生思考来开启学生的心智。孩子们边观察边思考，边操作边解说，既能准确理解课文内容，又能了解事物之间的联系，提高了思维的条理性、准确性。具体地讲，应注意如下几点。

（一）适时

把握好时机对于提高启发教学的效率是很重要的。孔子曾讲：“可与言而不与之言，失人；不可与言而与之言，失言；知者不失人,亦不失言。”怎样才能既不失人,又不失言呢?他又说:“不愤不启,不悱不发。”朱熹注云:“愤者,心求通而未得其意;悱者,口欲言而未能其貌。”不愤而懈,求知欲不很迫切,诱导就不会奏效;只有当心愤口懈之时,诱导才能如及时春雨,会收到事半功倍的效果。

(二)适度

不光要把握好实际,还要掌握好分寸,在教学过程中对学生可引导而不可以牵制,可鼓励引导而不可以逼迫,可启发思考而不能把结论告诉他们,做到不扬不抑,恰如其分,使学生既心平气静,又积极思维,在和约的氛围中不断提高。

(三)讲究方法

诱导启发,方法很多,通常有如下这些:(1)渐进法:即引导学生由此及彼,由表及里,由浅入深,由低级到高级,一步步向前发展,渐入佳境。(2)叩竭法:就是引导学生以问题的正反两方面去认识、把握,直到解决为止。(3)回避法:对于学生的疑难暂不理会,迫使学生展开多向思维,从多方向去探求解决的方法,且发现新的问题,受到“无声胜有声”的艺术效果。(4)暗示法:充分利用无意识的心理因素,设置一种外部情境,造成一种舒适、愉快的气氛,使学生思想放松、自由地联想、想象、触发灵感的产生,达到学习的创造性效果。

此外,在实施启发式教学时要注意遵循熟悉性原则、实际性原则、及时性原则、思维性原则,需要在课堂中多组织“以疑启学、以思启学、以情启学”的教学活动，营造无拘无束、平等融洽、宽松和谐、鼓励创造的氛围，使教学过程呈现一种多向的相互作用。同时，学生在这种氛围中觉得老师不是高高在上的“命令者”，而是可亲可敬的“引路人”，便更能自觉、积极、主动地投入到自主探究的学习中。

关于具体的启学方法，那就真可谓万万千千了。在此，我们特别针对班主任的工作需要而精选了一些启学的工作方法，以供参考。

> 求知欲，好奇心——这是人的永恒的、不可改变的特性。哪里没有求知欲，哪里便没有学校。
>
> ——苏霍姆林斯基

卡片启学法

班主任应时时注意把德育与智育有机地融合在一起。班主任在教书育人工作中，要特别注意培养学生的学习习惯、教给他们学习方法，为学生日后成为学者、成为专家，成为未来社会中科学文化事业的骨干力量打下坚实的基础。

教材编者在《琐忆》课后练习中提出一个新的学习方法：把课文中记叙的鲁迅先生七次谈话制成卡片进行比较。这实际上是锻炼学习筛选信息、归纳信息的能力。班主任可以借此发挥，利用“卡片示范招”激发学生热爱学习、潜心钻研、立志治学，教给学生制作卡片的方法。

首先，从理论上介绍了卡片的意义、类别、制作方法等等；然后重点讲授卡片的作用。如著名作家姚雪垠在十分艰苦的条件

下写出了举世闻名的长篇历史小说《李自成》，他得助于资料卡片。几十年间，他搜集了大量资料，分门别类做成了两万多张卡片，为写作《李自成》奠定了坚实的雄厚的基础。俄国化学家、自然科学基本定律之一——化学元素周期律的发现者门捷列夫在科学研究中制作了两万多张卡片，分为若干类，一类一种颜色以便于查找和使用。这些卡片是他治学、进行科研的得力助手。这些内容翔实的介绍，学生会听得津津有味。

然后班主任可以拿出自己亲自准备的一大沓卡片，给同学们看。比如一张词语知识卡片，是关于“看”这个字的近义词分类卡片。“看”这个字的近义词超过100个，可分为五大类27种。为了给学生留下深刻的印象，班主任还要不厌其烦地进行具体说明：从看的角度分为10种即向远处看的、向远处和将来看的、向上看的、向上或往前看的、向下看的、回头看或向四方看的等。从看的方式分类，有集中精力看的、睁大眼睛看的、仔细地看的、略略一看的、斜着眼睛看的、检验查看的。从看的感情分类，有偷偷地看的、睁大眼睛愤怒地看的、特殊地不放心地看的、厌恶或傲慢地看的。从看的状态（程度）分有已经看到的、亲自看到的。还有从看的具体对象分类等等，并且每个分类都详细列举了具体例子。学生们一定会非常惊讶——一个司空见惯的“看”字，老师竟可以滔滔不绝地讲这么多，竟有那么多类别！这样一来肯定会给学生们留下极深的一次印象。

这样的做法对启发学生以后的学习方法，养成良好的学习习惯，肯定大有帮助。最后班主任还应该把卡片分成各组同学轮流观看，以实物增加学生对老师刻苦学习严谨治学精神的印象,并告诫同学们要想成才,就必须下苦功做学问,“宝剑锋从磨砺出,梅花香自苦寒来”。在这里老师的师表作用是不可估量的。

本招精要

班主任不能只是苦口婆心地告诫学生刻苦勤奋地学习,如果自己却不学无术,不去积累,两手攥空拳,一无所有,那么班主任的示范作用就无从谈起。

班主任应靠德高为范的品德素质、学高为师的业务素质、热爱学生的情感、学富五车的知识魅力、无私奉献的人格魅力吸引学生,而卓越的教学能力是班主任的第一资本。它是班主任树立自己在学生心目中的威信、提高工作效率的决定性条件,是班主任的看家本领。班主任要立志做教育专家,这就需要班主任们如饥似渴地学习、孜孜不倦地研究,还要持久不懈地积累学问。

当教师把每一个学生都理解为他是一个具有个人特点的、具有自己的志向、自己的智慧和性格结构的人的时候，这样的理解才能有助于教师去热爱儿童和尊重儿童。

——赞科夫

分类促进法

因材施教是古代教育家孔子的一个重要的教育观点，实际上无论智育，还是德育都是这样。一个班级几十个学生，有各种情况，班主任们不能总是千篇一律、千日一律、千人一律地施教。有的教学方式对这部分学生适用，而对另外一些学生可能就不适用，所以在进行共性教育的同时，也应该注意分类促进的方法。具体来讲，每个班级里，有性别的差异，有农村、城镇区域的差异，有重点生、普通生性质的差异，有学习尖子生、学困生质量的差异……入校建班的第一个月，班主任就可以根据不同类别分别召开农村同学专题会、女生专题会、重点生专题会、普通生专题会……有的放矢地做好思想工作。

农村同学专题会的目的是帮助他们找出自身的优势、增强信心,正视劣势,克服自卑心理,鼓起拼搏的风帆。农村学生的主要优势可以归纳出这样四条:一是生活简朴,作风淳朴;二是勤奋好学;三是劳动观念强;四是有礼貌。对于他们的劣势,可以归纳为:(1)思想上常会受听天由命旧观念的支配;(2)在遇到困难时,常会产生自卑畏惧心理;(3)学习分数或许高,但能力往往稍差,特别是英语听力,而语文朗诵能力、口头表达能力更逊一筹。据此班主任可以对他们提出了几点要求:一是不要因考进了市重点高中而盲目乐观,勿因自己是一个村、一所学校的唯一考进市重点高中的佼佼者而陶醉,目光要远大,须知山外有山、人外有人;同时也勿自卑,要相信事在人为,自己在智力上并不比城市同学差,差只差在农村初中学校的外界条件,要敢于与城市同学竞争。二是要正视学习上的弱项。笨鸟先飞,早下功夫、早下大功夫、苦功夫,特别是外语,在第一学期就应赶上去。这样要求具体明确,农村同学的劲头就知道该往哪使了。

以后,每隔一个月,班主任就全面检查一次。再如,班主任把中考成绩突出的前8名同学召集在一起,开了尖子生专题会,其目的是促其立下宏图大志,争创一流,早日成材、成大材,带动班集体大步向前。经过讨论,班主任可以对他们提出几点要求:正确认识自己,杜绝骄傲情绪,勿陶醉于中考成绩之中,要善于找出自身的不足,特别是学习上的弱项、能力上的欠缺,一切从零开始;树立远大目标,保持领先水平,不仅在本班内保持上游,而且要进入年级前列,为考入国家名牌大学而奋斗;德智体美劳全面发展,智育争第一,德育更要争上游,绝不能"两耳不闻窗外事,一心只读圣贤书"。要关心班集体,全方位地发挥尖子生的作用；要有自己的主攻方向，学有特长；热心帮助同学，须知“一花独放不是春，百花齐放春满园”。这样尖子生的学习热情会更加高涨。班主任还要不失时机地针对女同学的特点、学困生的心理分别召开专题会。分类促进，可以说是班主任实施因材施教的一种方式。

本招精要

一个班级就是一个小世界，世上没有完全相同的两片叶子，一个班内也不会存在完全相同的两个学生。班主任给学生做思想工作要有针对性，因材施教，抓住各个特点，有的放矢地开展教育，这样实效就会显著。

要解放孩子的头脑、双手、脚、空间、时间，使他们充分得到自由的生活，从自由的生活中得到真正的教育。

——陶行知

训练思维法

怎样才能让学生勤于思考、善于动脑？这是班主任应当经常想的一件事。

作为班主任，可以在平时抽时间给学生讲几个故事，让同学们思考问题，这样可以通过故事的问题去训练、启发学生的思维。

故事一：一位生物学家和他的朋友结伴外出。晚上朋友留在宾馆里休息，专家则上街溜达。在街上专家看见一位老大娘卖一直铁锚，要价 500 元。专家发现铁锚的两只眼睛是两颗大珍珠，便还价买下了铁锚的眼睛。回到宾馆后，专家把此事告诉了朋友。朋友听后赶快上街用 100 元将那只缺了眼睛的铁锚买了回来。

这是为什么呢？可能有几个同学的回答都不沾边。这时候班主任可以解释说，那个朋友想：既然铁猫的眼睛是珍珠做的，那么它的身子还会是不值钱的铸铁吗？后来朋友用刀去刮铁猫，铁猫露出了黄灿灿的金色，这果真是一只涂了黑漆的金猫。人们常常注意到自身的知识贫乏、记忆力差，于是想尽办法去改善；然而很少有人注意自身的思维能力，更想不到去培养、提高。这个故事告诉我们思维是何等重要。所以我们要不断提高自己的思维能力。

我们不仅要思考，而且要巧妙地思考。巧妙的思考往往会引我们走出困惑。而且我们在进行思考时要敢于另辟蹊径，敢于超越固定习惯的认知方式，以前所未有的新角度、新观点去认识事物，提出不为一般人所有的超乎寻常的新思路。这往往会收到意想不到的效果。

故事二：日本有一厂家生产瓶装味精，质量好，瓶子内盖上有4个孔，顾客使用时只需甩几下，很方便。可是销售量一直徘徊不前。全体职工费尽心机，销售量还是不能大增。后来一位家庭主妇提了一条小建议。厂方采纳后，不费吹灰之力便使销售量提高了近四分之一。

这个小建议是什么内容呢？有几个同学没有猜对。事先知道底细的小丁指出："你们只从销售方式上想，这就是思维定势，厂里的职工提的建议也是这个固定思路。事实是，那位主妇的小建议是：在味精瓶的内盖上多钻一个孔。由于一般顾客放味精时只是大致甩个二三下，四个孔时是这样甩，五个孔时也是这样甩，结果在不知不觉中多用了近25%。"一个人创新能力的强弱,关键在于能否突破思维定势,去想别人所未想,去求别人所未求,去做别人所未做的事情。

教室里,思考问题的气氛这时可能变得浓烈起来,班主任可以借机把问题引向深入。

比如做个测试:让同学们说出红砖的各种用途。很快就会有如下几类答案:盖房子、铺路面、修烟囱等等。这时候老师如果抓好时机进行引导,就可以使得学生继续打开许多新的思路,让学生的思维真正活跃起来。因为同学们说出几十种几大类用途,其实,始终没有离开建筑材料这一大类。如果从多个角度来考察红砖,便会举出如砸钉子、支书架、垫桌脚、练身体、画线、打狗等等其他用途。

这种从尽可能多的角度观察分析同一个事物、不受任何限制的思维方法就是发散思维。而发散思维又有五六种方式,利用各种方式处理问题,会使我们的思维更活跃,更富有创新性。

再如,有专家研究回形针的用途对我们很有启发。他将回形针的总体信息分解成材质、重量、体积、长度、截面、韧性、颜色、弹性、硬、直边、弧等11个要素,然后将其用一根标线连接起来,得到一根横的信息标,接着再把与回形针有关的人类活动进行要素分解,连成纵的信息标,两轴相交垂直延伸,形成信息反应场。这样利用两轴信息交合扩散,就使其用途扩大到几百、几千种。

可见,在学习中我们应该掌握发散思维、逆向思维、联想思维、辐合思维等等思维方法,以切实提高我们的思维能力和学习成绩。让学生具备勤于思考、善于思维的学习习惯也正是班主任的主要工作目的之一。

本招精要

思考是人类独特的品质之一。要使当代青少年成为强者、开拓者和具有创新精神的人,就必须注意思维品质的培养。而以往的许多班主任在工作中往往是就成绩讲成绩,就知识讲知识,忽略了获取知识提高成绩的能力的培养。然而思维本身就是一种能力。具备这种能力,素质就会提高,培养思维能力、训练思维能力是提高青少年素质的根本途径之一。班主任应多方面对学生进行各种思维方法的训练,同时应用典型生动的事例引发兴趣、启迪思考,完成从感性到理性的转化。

良好的方法能使我们更好地发挥天赋的才能，而拙劣的方法则可能妨碍才能的发挥。

——贝尔纳

学法促进法

每个班级都应该是德智体美劳全面开花，每个学生都应该是德智体美劳全面发展，我们不能把德育架空，不能把德育作为“独生子女”来对待，德育与智育应该是水乳交融的。班主任可以结合实际情况经常组织召开各种形式的学法研究主题班会。

比如班主任可以用“A = X + Y + Z”这个公式写在黑板上教育学生：有人曾问爱因斯坦成功的秘诀，爱因斯坦就写下了这条著名的公式。他解释说：A 代表成功，X 代表勤奋，Y 代表正确的方法，Z 代表少说空话。确实，要想成功地办成一件事，勤奋、实干和科学的方法三者缺一不可。学习也是如此，如果没有科学的学习方法，就很难取得良好的成绩。

科学的学习方法是通向成功的桥梁。古人一向讲究学习方法，用一张卡片可以记载若干古人的若干个“三”。如东汉末著名学者董遇有“三余”：“冬者岁之余，夜者日之余，阴雨者晴之余。”欧阳修有“三上”，即马上、枕上、厕上，说的是骑马时、睡熟前、上厕所方便时，他都要争分夺秒地学习。西汉刘向有“三学”：“少而好学，如日出之阳；壮而好学，如日中之光；老而好学，如秉烛之明。”清末著名学者张之洞主张“三贵”，即读书“贵博、贵精、尤贵通”。

常见的记忆方法可以归纳为四大类十八种：第一类，时间性记忆，包括早晨记忆法、及时记忆法、定期或不定期回忆法；第二类，机械性记忆法，包括书写记忆法、朗诵记忆法、直观记忆法、重复记忆法；第三类，方法性记忆，包括分类记忆法、对立记忆法、概要记忆法、振奋情绪记忆法、规律记忆法、借助特征记忆法、趣味记忆法；第四类，理解性记忆法，包括推理记忆法、区别记忆法、简化记忆法、实践记忆法。

举个趣味记忆的例子吧。曹禺先生的若干名剧有时真难以记牢，我们可以编副对联，将其剧名嵌于有一定内容的对联中，那么就容易记牢了。这副对联是：《雷雨》后观《日出》《北京人》喜颂《明朗的天》，《原野》上《王昭君》挥毫写就《胆剑篇》。再如，郭沫若先生1942年皖南事变后，连续创作了6部借古讽今的历史剧，可以编成两句话以加强记忆：《屈原》捧《虎符》栽下《棠棣之花》，《高渐离》捧《南冠草》喜得《孔雀胆》。关汉卿是比西方戏剧大师莎士比亚成名早三个世纪的世界文化名人，一生创作了60余部戏剧，传世10余部，除了《感天动地窦娥冤》外，以《望江亭》、《拜月亭》、《救风尘》、《单刀会》最有名，可编一嵌名诗加强记忆:《望江亭》边深“拜月”,“单刀”赴会《救风尘》。

接着,可以让学生结合自己学习实际介绍、交流各自有关预习、听课、阅读、复习的方法。“工欲善其事,必先利其器。”对学习而言,学习方法就是“器”。让我们今后进一步讲究学习方法,爱学习,提高效率,早日成才。

本招精要

班主任抓智育,一定要抓到点子上,而抓学习方法是极其重要的,决不可忽视。未来的文盲不再是不识字的人,而是不会学习的人。现在,知识经济初露端倪,科学技术突飞猛进地发展,知识量急剧增加,人类社会正走向一个充分发挥人的创造力和首创精神,以智能和知识为核心的高度发展的信息社会。班主任们现在就要考虑,我们培养的学生应该怎样学习才能适应时代的要求呢?很显然,只教他们满足于掌握知识是远远不够的。“吾生也有涯,而知也无涯。”重要的是在掌握知识的同时,要发展独立获得知识的能力,并注意培养创造性和开拓性的精神。可见,班主任抓智育任重而道远。

自尊心是进步之母，自贱心是堕落之源，故自尊心不可无，自贱心不可有。

——邹韬奋

巧借自责法

每一个班级都难免有后进生，一位班主任不可能不遇到后进生。聪明好学的优秀生，人人爱；而后进生很容易让人厌烦。而对后进生态度的优劣正是检验一个班主任是否具备良好师德的试纸。后进生往往成了被遗忘的角落。关心后进生是每一位教师，特别是班主任的天职。除了施以更多的爱以外，还有特殊的一招。

这特殊的一招就是“巧用自责”，借用自责，巧用自责，强化自责，转化自责为自强。任何一个学生，包括后进生都有自尊心。或强或弱、或明显或隐蔽是其区别之处。自责是一种心理状态，自责，顾名思义就是责备自己，这是自我监控、自我管理和自我调节的前提；它是矫正言行、规范自我、改正错误和避免再次失误的保证。

“人非圣贤，孰能无过?”优秀生与后进生都会犯错误，不过，后进生犯错误的频率高一些罢了;犯错误后，后进生自责心理弱一些、隐蔽一些罢了。班主任们就是要抓住这较微弱、较隐蔽的自责心理，做好疏导与转化工作。后进生在考试失利后，自己后悔不迭，往往会自责平时贪玩、学习不刻苦，并产生了重整江山的心理趋向。而班主任就是要抓住这个往往为时很短的时机，施以同情和关心，增强其自责心理，巩固其重整江山的心理趋向，促其从失利中切实汲取教训，从而痛下决心发奋努力。后进生自控能力弱，或是行为规范欠佳，以致他们经常犯些错误。他们犯了错误以后，心里也会掀起狂涛，后悔不迭。在这个时候，班主任要对他们不歧视、不挖苦、不讽刺、不疏远，并且伸出热情的双手拉他们一把，帮助他们分析错误的原因、错误的危害，制定改正措施，使他们不致于自暴自弃。这样他们在班主任关怀、爱护、希望的目光中就会重新调整自己的步伐，重新振作起来，重新大步前进。

利用自责，即调动其内因，而内因是改变矛盾的主要力量。这就是班主任转化后进生的招数，也是在屡次失败后找到的方法。过去，后进生犯了错误，不少班主任是火冒三丈，不依不饶，非批得他体无完肤才解恨。这样做的结果是后进生产生了极强的逆反心理，甚至一看无路可走就破罐破摔，或是明刀明枪地与老师对着干。后进生学习考试失利，有的班主任冷嘲热讽，说他们“不见棺材不落泪”，“不到黄河不死心”，说他们记吃不记打，让他们在悔恨中抬不起头、打不起精神，以致使他们翻不了身。

截然相反的两种方法，截然相反的两种结果，可以使班主任认识到借用自责心理是转化后进生的好策略。

本招精要

转化后进生是班主任的一项重要工作，有的班主任为此往往付出巨大的精力和难以计数的时间，而结果往往不尽如人意。其原因恐怕是没有抓准后进生的心理，方法上没有对症下药。在转化后进生工作上，班主任们一定要拿起心理学理论的武器。心理学理论与德育工作、后进生转化工作相结合，一定会产生巨大的功效。

从我手里经过的学生成千上万，奇怪的是，留给我印象最深的并不是无可挑剔的模范生，而是别具特点、与众不同的孩子。

——苏霍姆林斯基

增担加压法

一些学生或者沾染上一些毛病，或者学习成绩暂时居于中下游，于是他们便被扣上“后进生”的帽子。从此他们看到的笑脸少了，听到的表扬少了，而奖励更与之无缘。在学校，同学们瞧不起，有的老师冷眼相看、冷言相对；回到家，家长因为自己的孩子是后进生在外面脸面无光，于是也没有什么好脸色。这是多么大的压力呀！他们的肩上如负千斤万斤，要前进多么艰难啊！后进生也不甘心永居中下游，他们也愿前进的路上阳光灿烂，也愿成为班集体的骄傲、家长的骄傲。后进生正由于重重压力让他们难以解脱，正由于难以摆脱后进的尴尬境地，于是产生了自卑自弃的心理；然而他们内心的自卑自弃却往往以表面的自负自傲曲折地反映出来，尤其是其中的部分男同学更是目空一切、“老子天下第一”、“老虎屁股摸不得”。其实这是一种不健康的心理，值得同情，应该给予帮助。基于这样的思考，班主任在给这些同学做工作时，不妨试试增担加压的方法。

对班内的后进生，班主任总要先做透彻的调查、深入的研究，挖掘出他们的一技之长，哪怕这“长”仅仅刚刚发芽；然后再有意给他们增担子加压力。

比如，本来组内有更合适的人选，却因为后进生甲热心公务，就让他担起组长的担子。某次全班外出参观，班长请假，本来班内有更合适的人选，却因为后进生乙是小团伙的头儿，有人缘，就临时给他加上总指挥的重担。初中时受过处分的后进生丙，经一个学期的教育确有进步表现后，班主任大胆地委派他当上体育委员。他彻底转变，后来入了团，就是由此迈开万里长征第一步的。初中时受过纪律处分的后进生丁，班主任满腔热情地帮助他。有一次，轮到某班进行国旗下的演讲。过去各班历次国旗下的演讲者不是班长，就是团支书，要不就是三好生，班主任却让丁代表全班前去演讲，并一字一句地修改演讲辞，一句一句地辅导。丁站在国旗下，万分激动，因为这是他第一次成为班级的代表，肩上的担子千斤重。他果然没有辜负老师与同学们的期望，出色地完成了任务，为集体争了光。从此以后，他时时处处想着集体的荣誉，旧貌换新颜……也许就是这样，采用增担加压的方法，一个又一个后进生就这样转变了，他们从此将走向人生的正途。

总结这个方法有四个特点：第一，它可以表示出信任的态度。而这对后进生而言往往是空前的，而信任会产生自责感；第二，后进生在接受重任、完成任务、尝到成功的喜悦之后，一定会增强自信心；第三，增担加压后，后进生自然会转移注意力、兴趣域，不再做“后进”之事，而能自觉地提高自身素质；第四，有利于发挥后进生的一技之长。后进生并不是一无是处，他们种种特长往往被学习成绩落后而遮掩了。增担加压法就是要挖掘出被遮掩得深深的一技之长。

实施增担加压还必须注意这几点：(1)注意把握好时机。做一般的转化工作已初见成效，后进生确实已经产生了上进心才适合实施增担加压；(2)增担加压后，要做好辅导工作，创造条件让其出色地完成任务，决不能让他们再经受失败的折磨；(3)增担子，担子多重；加压力，压力多大，这都应该因人、因时、因事而定，一定要突出针对性；(4)要允许后进生反复。增担加压很难一蹴而就、一举成功。承担重任后又做出与此不相配的后进事，也不要轻易收回担子、减少压力；相反要想办法变坏事为好事，充分利用他的自责心，进一步做好转化工作。要坚信成功有时就在再坚持一下之后。

本招精要

如何看待后进生，如何殚精竭虑地做好后进生的转化工作，这是检验班主任职业道德的重要方面之一。对后进生不仅不疏远、不歧视、不冷漠，而且热情关心并适时地施以重任，这是良好师德的集中表现，是教育观念改变的表现。给后进生多一点信任、多一点任务、多一点机会、多一点关注，而非多一点冷漠，而非多一点歧视，而非多一点疏远，其结果必然不一样。

对所学知识内容的兴趣可能成为学习动机。

——赞科夫

利用兴趣法

“85－III 型主战坦克是我国北方工业公司新近推出的一种新型主战坦克，重 42.5 吨，发动机功率为 735 千瓦，最高时速为 65 千米/小时，装有 125 毫米火炮。它具备自动装弹机，乘员减少到 3 人，而发射速率却达到 8 发/分钟。它还采用了稳像式火控系统和适宜夜战的第二代微光夜视仪，车上还装有 GPS 全球定位系统，炮塔和车体前部挂装复合装甲块，车内还装有三防和灭火抑爆系统。”讲解人停了停，又挂出一张飞机模型图片，接着讲解起来：“这是一架国产歼击机，代号是 8－IIM，于 1993 年 3 月在沈阳首飞成功。其作战效能与 F－16 为代表的第三代战斗机相当，它机长 21.59 米，翼展 9.34 米，高 5.14 米，最大起飞重量 18.3 吨，最大挂载 3000 千克。有 7 个外挂点，可挂装各种导弹、炸弹。它装有先进的脉冲多普勒雷达,可同时跟踪10个目标。它的火控系统装有平视显示器和多功能显示器。它还装有全球定位组合导航系统。”介绍完飞机,又有条不紊地介绍起驱逐舰、航空母舰……

讲解人有图片,有绘画,有模型,有准确而通俗的讲解,为同学们展示了神秘多彩的兵器世界。滔滔不绝地讲解了整整一小时,全班同学聚精会神地倾听,教室里鸦雀无声。眼看杨乐一副学识渊博的兵器专家的神态,班主任笑了。

事出有因,某班主任带这个班半年来,发现杨乐同学聪明但不好学,上课不是打瞌睡就是走神。多次与他谈心,谈话过不了三天就一如既往了。怎样才能触动他呢?班主任一时感到一筹莫展,不过在随后的家访中发现他长期订购有关兵器的图书杂志,亲眼看到他的书桌、书柜中还摆着不少飞机、坦克、兵舰的拼图和模型,他的小屋简直是个兵器展览馆。班主任眼一亮,心一动,何不因材施教,利用他的兴趣来刺激他奋发学习呢?于是决定请他给全班同学介绍兵器以扩大同学们的视野。

在历届老师的眼里他都是差生,没有资格主持班会。听到班主任的这个决定,他开始时不敢相信自己的耳朵。看到班主任信任的目光,这才点头答应了。认真准备后,登台给同学上了新奇的一课。在热烈掌声中,杨乐同学对着全班同学、对着班主任深深地鞠了一躬。

班主任表扬了他的演讲,并鼓励他早日实现自己兵器专家的理想。课后班主任又趁热打铁,点拨他说:“兵器是综合的科学,是高科技之一,兵器研究需要高素质的尖端人才。现在踏实

学好各科文化知识，是为将来从事兵器研究奠定必要的基础。”班主任看见杨乐同学虔诚地点头的样子，知道这一次真正打动了他的心。从此以后，这位同学的学习成绩如芝麻开花——节节高。

本招精要

天生其人必有才，天生其才必有用。每个青少年都有爱好、兴趣，这是学习动力的源泉之一。班主任对学习暂时差的学生要做到不厌其烦，并千方百计地挖掘其长处，寻觅其闪光点，然后给他创造展现其才华的机会，调动其内驱力，调动其兴趣，而兴趣是最好的老师。学生一旦对某事产生了兴趣，那么做好它所必然遇到的重重困难也都能一一克服。而那种靠苦口婆心的劝诫、声色俱厉的训斥、掰开揉碎的说教，反而难以解决问题。

谁不爱学生，谁就不能教育好学生。

——陶行知

暂借分数法

古代兵法中也有可以借鉴的财富，班主任在工作中可以活学活用兵法，另辟几条思想工作的蹊径。

某班有个杨同学，总是不及格。各科老师都很着急，给他补课，下了不少功夫，可是一考试他还是闯红灯，同学们都叫他“百败将军”。原因很简单，他就是玩心太重，而且玩心不改。为了刺激他，他的班主任决定试一试“网开一面”的方法。

一次单元测验，杨同学应得 56 分，班主任却在试卷上写了个大大的“66”。杨同学紧跟着班主任走进办公室，小声对班主任说：“老师，我算了几遍，都是 56 分，卷子上却是 66 分。您把分总错了。”班主任故作惊讶地说：“不会错吧？让我再算算。”班主任装做十分认真的样子又算了一遍，然后说：“真是个诚实的好学生！你的品行不是66分，而是100分。好啦！这个成绩不动了。这10分，老师不要了。要不，就算借给你的。不过，下个单元测验时，你可要还给我呀！”他暗暗地想：这是升入初中以来，第一次得的“及格分”，现在老师又借给了我。这10分可不寻常，这是帮我“及了格”的10分，是令人对我刮目相看的10分。下次一定把账还上，要不太对不起老师了。他随即郑重其事地给班主任鞠了个躬。

这10分产生了压力，也产生了巨大的动力。他再不敢昏天黑地地玩了，上课专心听讲，下课认真完成作业。第二单元测验后，杨同学拿着试卷兴冲冲地找到班主任，兴奋难抑地说：“老师，我来‘还分’。您看，我得了76分。还您10分，还可以得66分。”班主任高兴地拍着他的肩膀说：“世上无难事，只要肯登攀。66分、76分，何足挂齿。以后，你一定会得86分、96分、100分。你一定会成功，老师相信你！”从此杨同学步入了良性循环的轨道。

还有一次，陈同学在单元验收时得了个98分。班主任清楚他的成绩属中下等，得个80分就到头了。他的同桌却是学习尖子，这次单元验收是100分。很显然，陈同学是偷看偷抄了同桌李明的试卷。弄清了原委后，班主任十分恼火，真想把陈同学叫来，痛痛快快地将他训斥一顿。但是冷静思考了一下，又觉得不妥：那样做司空见惯，恐怕在他意料之内，所以疗效不会大；不如故作糊涂、将错就错，来个出奇制胜，或许效果更好。于是班主任把他叫来，请他坐下，又端了杯水递给他。陈同学端起杯喝了口水，奇怪地问：“这水怎么这么甜？”班主任笑着说：“我放了三勺白糖，还能不甜？看你得了98分，我比喝了糖水还甜。你的进步这么快，已经名列前茅，老师祝贺你，所以沏了这杯糖水犒劳你。”陈同学的脸“刷”的一下就红了，不好意思地开口解释：“老师，这98分……”班主任知道他要说什么，立即打断他的话头：“是的，这98分得之不易，而要想保住就更难了，来日方长啊！”然后，又话中有话地暗示他：“我相信通过实实在在的拼搏，陈同学会得到更多的实实在在的98分，乃至100分！”陈同学不好再说什么，心里嘀咕开了：“我只有下次再考98分，才能证明这次不是作弊得来的，以后可得加倍努力了。”班主任从他的眼神看出他的心理活动，班主任相信他一定能成功。果然，这以后他的成绩稳步上升，后来进入了班级前五名。

这位班主任采用正确的策略，就挽救了两个学生。可见班主任应该多注意采用更多更灵活的策略和方法，巧妙地对后进生进行转化，那样才是最有成效的。

本招精要

这里班主任借鉴了古代的欲擒故纵的方法。欲擒故纵本出自《三十六计》，原用于军事，意思是要想使对方失去战斗力彻底瓦解，必须给予一线生机，让其滋生不战而求逃生的念头，这样会造成更有利于我方的战机。可以说，班主任在工作中活学活用了兵法，比较巧妙地利用了学生的心理，做好了思想转化的工作。古代兵法中也有可以借鉴的财富，班主任们不妨学学它，另辟几条思想工作的蹊径。

第二编

励志篇

古往今来，尚志为先。针对当前许多青少年学生存在空虚、茫然的“无目标状态”情况，对学生进行励志教育尤为重要，同时，把励志教育作为进一步提高班主任德育工作针对性和实效性的大事来抓，以此优化学校的教育教学环境，为班级营造浓厚的学习氛围，为学生构建良好的成长环境。

当前，很多学生存在一种心理困扰：缺乏明确志向，一天到晚不知道自己该干什么，浑浑噩噩，感到空虚、茫然、郁闷、无聊与无奈，可谓“空洞的眼神”、“荒芜的精神家园”。有人认为，这是一种“无目标状态”。人的一生中最可怕的是无目标状态，表现为有理想无目标，无理想无目标，无信心无目标，但归根结底是缺乏励志目标。

一、古往今来 “尚志”为先

古今中外，都十分注重励志教育。

励志的“励”是指激励、鼓励和勉励之意；“志”有志气、志向、意志之意，追求上进的决心和勇气，要求做成某事的气概，表达要做什么样的人的意愿和决心，决定达到某种目的而产生的心理状态。“励志”意为振作精神，奋发志气，始终保持昂扬向上的精神状态，去实现远大目标。

古今中外历来尚志，注重人生志向的确立与坚持，并把这看作人生事业能否取得成功的最重要因素之一。“志”是一种精神因素，是理想目标的感召力和实现目标的意志力的统一，对人的行为有重要推动作用。“尚志”是目标激励和意志砥砺的结合，是立志和砺志、行志的结合。中国古代的尚志理论对志的精神动力作用及其发挥做了充分的论述，是我国古代精神动力理论的一个非常重要的方面。

志包括志向、志气和意志等含义。首先表现为志向。所谓“志”，就是心中的理想和目标。志是学习和成才的强大动力，立志是成才的先决条件。“大凡为学，须先立志。”墨子说：“志不强者智不达。”只有远大的理想和坚强的意志，才能激发人的学习动力，发展人的智力，促进人的成长。其次，表现为意志。强调人要笃志、固志、坚志，以顽强的意志始终不渝地坚持和实现自己立下的志向。《周易》有一句名言：“天行健，君子以自强不息。”这是指人们为了实现人生的志向和理想而自强不息、奋斗不已的精神。这种精神就是顽强的拼搏精神和坚强的意志。

在我国，适合市场经济的励志教育尚处于起步阶段。而西方主要发达国家特别重视对青年的励志教育，近 20 年来，风靡全球的成功学教育就是一个例证。出现了包括卡耐基、拿破仑·希尔、安东尼·罗宾等成功学传播大师。全世界千百万人，在他们的激励下，实现了自己的人生梦想。

二、学生励志　志在何方

人各有志。应该说有不少学生是有自己的志向和目标的。但是现今社会的诱惑太多，现代传媒把各种各样的正统文化和亚文化、低俗文化、大众文化等以无时不有、无处不在的态势包抄了家庭的上上下下、学生的方方面面，其中的是非观、善恶观、荣辱观、公私观、义利观和得失观模糊不清，很容易让人把那些诱惑错当成目标。励什么样的志，有一个合理选择的问题，包括理论选择、理想选择、价值选择、道德选择、职业选择等等。

一个民族，没有振奋的精神和高尚的风格，不可能自立于世界民族之林。同样，一个人，没有振奋的精神和高尚的风格，不可能成就一番事业。真正可以励志的,还是那些经过时间和实践检验的,从思想史诗的经典著作和轰轰烈烈的伟大实践中提取的精神营养,既包括中华民族几千年传承下来的优秀文化,也包括当代中国的时代精神;既有世界上富有开创性的人类精神传统的借鉴,也有当今世界先进管理理念赋予的思想精髓。

艰辛知人生,实践长才干,这是古往今来许多人成就一番事业的经验总结,也是当代学生励志成才的必由之路。通过励志教育,主要解决某些学生不同程度地存在的政治信仰迷茫、理想信念模糊、价值取向扭曲、诚信意识淡薄、社会责任感缺乏、艰苦奋斗精神淡化、团结协作观念较差和心理素质欠佳等问题。

三、励志教育　任重道远

1. 学会赏识　寻找闪光点

教育过程中"学会赏识"的理念来源于赏识教育,主要是针对学习成绩差或后进的学生,尤其是针对在应试教育制度下,被压抑了学习积极性、创造性,处于自卑的学生们,从这点上看,赏识教育是应试教育、抱怨教育乃至惩罚教育的反面,有其积极的现实意义。学会赏识,要以人为本,教育者要牢固树立人人都可以成才的观念,还要善于发现受教育者的闪光点与实施教育的入口处,善于随时捕捉甚至是创造这样的教育情境,以赏识为先导,激发被教育者的主观能动性和潜在的巨大能力或者是人的良知与自觉性,教育便潜移默化地开始发挥其功效了。

2. 学会激励　增强内动力

有了明确的志向，更重要的是如何激励。“激励”是一种精神力量或状态，是起加强、激发和推动作用，并指导和引导指向目标。简而言之，激励就是激发鼓励，调动人的积极性、主动性和创造性。心理学研究发现，一个人如果没有受到激励仅能发挥其能力的20%～30%，如果受到正确而充分的激励，其能力将发挥80%～90%。我们传统的激励和奖励大都属于外在激励，它们表现为控制反馈模式，并不唤醒人们的内在激励，它们是通过控制进行激励的，而不是通过唤醒自我和激发自控意识。

我们应给予学生充分而真诚的激励。这里主要推荐四种方法：

（1）愿景激励。学生教育的一个重要的任务是采取各种方式激发学生对未来生活的美好愿景，提高他们的期许，并愿为之付出努力。要改变过去的教育取舍上强调“我让学生知道什么”、“学生应该知道什么”的教育者本位做法，开始转向既兼顾前者，又突出和强调“学生喜欢什么”、“学生想知道什么”的教育者与受教育者互动做法。志当存高远，目标越高，动力越足。部分学生之所以心灵日渐贫瘠、空虚和憔悴，正是因为他们没有愿景，没有激情，内心孤寂，所以，每一个教育工作者都必须像一支火把一样，去点燃和照亮每一个学生的心灵，充分发掘学生的期待动力，以促使他们勇敢地去追求愿景，追求成功。

（2）动机激励。成就动机强的人，对成功感到骄傲，对失败却不那么沮丧。他们的情绪积极健康，敢于大胆追求，对未来成功希望的估计比较高。而成就动机弱的人则相反，他们对成功没有多大追求,却非常害怕失败,思想负担重,焦虑程度高,心情压抑,对未来成功的希望估计偏低,学习的效果也不好。而成就动机也是刻苦和自觉学习的动力。因此,我们应教育学生以学业进步、创业成才为奋斗目标,而不能只以成绩为学习目的,要努力提高自己的成就动机。

(3)爱心激励。著名教育家林崇德说:“爱自己的孩子是人,爱别人的孩子是神。”爱是人类社会最美好的感情,爱心是一切成功最大的秘密,只有爱才具有无与伦比的力量,使人们敞开心扉。我们怎样对待学生,决定了学生的命运。目前社会对学生总是戴上各种“有色眼镜”,诸如“成才有色镜”过滤了学生的天性,只剩下成绩;“情感有色镜”过滤了应有的情感交流和心理疏通,只剩下教育絮叨。如何去爱,关键要带有感情,并经常深入到学生中去,尊重学生,信任学生,引导学生,对学生的每一个进步都表示赞赏。

(4)兴趣激励。兴趣是最好的老师,是成长的一种内动力。人们对自己感兴趣的事物,总是力求认识他,研究它,这就必然从中获得丰富的知识和技能。一个具有广泛而深厚读书兴趣的学生,就能孜孜不倦博览群书,学得广,钻得深。德国教育家第斯多惠曾说过:“一个坏的教师奉送真理,一个好的教师则教人发现真理。”学生教育的一项责任就是唤起学生的兴趣并发展成热爱。如何激发学生的学习兴趣?首先是用长。按自己的思维长项来寻找自己的学习定位和创造定位。第二是寻弱。分析当前的薄弱环节,从而找到自己学习和创造的突破点。第三是聚焦。贝索是爱因斯坦的朋友,被誉为“相对论的助产士”。他知识渊博、思维敏捷,但是他一辈子也没有什么建树。为什么?因为他兴趣过于分散,没有将知识与能力聚焦。第四是应用。就要求我们不仅在学习某一种知识时,要时刻考虑它最大的价值创造域是什么,而且在学习之前,要考虑到如何从最大需求的角度,去选择最适合学习的领域。

3. 面对挫折　迎难而上

当前,学生面临各种压力,我们要积极引导学生化压力为助力,过一个更为充实而美好的精神生活。第一,要引导他们体认生活的意义。心理学家佛兰克认为,作为一个人生活的基本要件,即在于了解并坚守生活中的责任,能够对自己和他人负责地生活,就是有意义的生活;一个人即使在毫无压力下生活,也不会感到满足,人们唯有在面对问题和解决问题的责任中,才会感到满足与充实,生活才有意义。第二,确定一个对自我有激励性的合适目标。第三,合理安排生活任务,做到有条不紊。第四,适当运用良好的心理防御机制,如抵消、合理化、升华和幽默等。第五,制造欢乐的气氛,体验主观幸福感。第六,培养“压弹”素质。“压弹”原本是物理学概念,泛指物体受压时的反弹。在心理学中则是指个人面对生活逆境、创伤、威胁及其他重大压力的良好适应,也是个人面对生活压力和挫折的反弹能力。

4. 励志佳作　精心品味

知识给人以力量,给人以智慧,给人以启迪,给人以素养。有选择性地阅读励志佳作,将是学生享用不尽的精神盛宴。如

《做最好的自己》、《一生中要懂得200个哲理》、《一生的阅读计划》、《假如给我三天光明》、《心灵鸡汤系列》等等,充满着青春、活泼、真挚与真情,充满着关爱、激情、智慧与哲理。这些书以浅显的语言表达着人间真情;以至深的情感述说着五彩人生;能够让真情在心灵的碰撞中凝固成永恒。

5. 自我暗示　昂扬向上

如记诵校训,聆听杰出青年事迹报告、成功人士专题报告,记住励志故事、成功励志语句等,并作为座右铭,享受成长的喜悦,促使精神生活更加充实与美好。

然而从当前整个社会环境来看,随着改革开放的进一步深化,时下社会正处于一个转型时期,社会价值观、道德观面临多元化发展的趋势,不正确的价值观、道德观给我们广大青少年也带来了大量的负面影响,致使学生中出现了厌学、逃学、贪玩、享乐、早恋、网瘾、对抗父母及老师等诸多现象,并逐渐成为严重困扰家庭、学校和社会的不容忽视的问题。

对此,我们应当在积极营造健康向上的校园文化环境的同时,积极探索培养青少年待人、处世、立身等各方面优良品行的行之有效的策略和途径。为此,我们精选了关于对学生进行励志教育的许多具体的可操作性强的工作方法,以为班主任老师们提高工作实效提供一定的借鉴。

你的教鞭下有瓦特，你的冷眼里有牛顿，你的讥笑中有爱迪生。你别忙着把他们赶跑。你可不要等到坐火轮、点电灯、学微积分，才认识他们是你当年的小学生。

——陶行知

伟人激志法

高尔基有一句名言：“一个人追求的目标越高，他的才力就发展得越快，对社会就越有益。”

班主任要始终把教育学生立志立大志作为班级德育的重大内容之一。伟人与庸人的最大区别不在于智力因素，而在以兴趣、动机、情感、意志和性格为标志的非智力因素上。一般情况下，一个人要想有所作为就要立下雄心大志，要向伟人学习，而不要甘心与“小人”为伍。伟人的精神是一笔宝贵的财富，可以给青年以人生的启迪、成才的启迪、做人的启迪。班主任经常在楼道里一边观看这些伟人肖像，一边思考如何教育学生立伟人之志、学伟人之品行、创伟人之业绩、步伟人之后尘。经充分准备，班主任可以组织一次题为“与伟人同行”的主题班会。

这个班会,班主任只担任导演,而且是幕后的,其他的一切都由同学们一手操办。班内画家在黑板上画了贝多芬像,栩栩如生;班内书法家书写了“与伟人同行”的会标,遒劲有力;班内音乐家精心挑选了串场音乐,为班会增添了艺术魅力;班内文学家撰写了串联词,妙语连珠;班内女才子担当主持,魅力无穷。班会上,同学们一会儿聆听李白惊天地泣鬼神的诗篇,一会儿聆听贝多芬震撼心魄的命运交响曲;时而欣赏莎士比亚的戏剧,时而感受革命英雄那跳动的脉搏……

十几位同学有声有色地介绍的伟人的业绩、伟人的精神、伟人的追求、伟人博大的胸怀,在同学们的面前矗立起一座座顶天立地的丰碑。主持人最后可以一往情深地说:“我们和伟人的起点是相同的,他们是可望可即的。我们要学习他们,追赶他们,敢于打破他们创下的纪录。不要说彼岸太遥远,不要说追赶的路程太艰辛,只要我们充满信心、勇敢地奋斗、持之以恒地奋斗,我们一定可以与伟人同行。同学们,让伟人的精神注入我们的灵魂,让伟人的志向融入我们的血液。让我们在心里高呼:我们永远与伟人同行!”

本招精要

班主任可以通过班会、借助伟人而激励青年学子树立雄心壮志。我们的校园里、教学楼内、实验室中、操场上……实际上有着许多唾手可得而又可资借助的材料,它们都是学生励志教育的宝贵财富,对之若是掉以轻心、熟视无睹,那就可惜了,班主任们应该用心动脑充分挖掘、利用它们,让它们成为班主任们开展思想教育工作的助手。

水激石则鸣，人激志则宏。

——秋瑾

入学激志法

每一次升学，学生都会心潮澎湃、热血沸腾，产生美好的憧憬、无限的向往。班主任应该抓住这个契机，设法激发同学们向着新的方向奋进。

金秋9月，天高气爽，桂花飘香，新的一届高中生带着新的憧憬、新的梦幻迈进高中的门槛。作为新生的班主任，心情也不平静，因为眼前这些稚气未脱的孩子们将朝夕相伴三年，而后出落成俊秀的大姑娘、洒脱的小伙子走出班主任的生活。这三年是关键的三年啊！班主任有责任用知识充实他们的头脑，用高尚的情操塑造其美好的心灵。

班主任应认识到第一次入学教育非同寻常，可以经过较充分的准备，在他们进校进班的第一天，就开个非同寻常的“见面会”。班主任可以站在新学生面前，端详着每一张面孔，注视着每一双眼睛，新学生屏声静气等着这个班主任开口。他们恐怕没想到班主任开口提出的竟是这样一个问题：“对一个青年来讲，最大的不幸是什么？”

一阵思考之后，甲回答说：“俗语说，考考考，老师的法宝；分分分，学生的命根。我们最大的不幸当然是考试，特别担心的是像中考、高考这样决定命运的考试考砸了。”不少同学不由自主地点头。乙回答说：“最大的不幸是生病不能上学。”丙回答说：“最大的不幸是亲人出了意外事故。”丁接着说：“我的最大不幸是妈妈出差，而由爸爸掌勺。”全班哄堂大笑。

待笑声平息下来，班主任故意叹了口气，用怜悯的口吻说：“我认为，就今天而言，你们上高中，特别是考上了全市首批重点学校之一的我校，实乃你们人生中之最大不幸也！”看见学生皱起眉头，一副疑惑不解的神情，班主任解释道：“马克思说过，在科学的入口处就像地狱的入口处一样。你们考上我校，将来就会进入科学文化的殿堂，那么今天就等于到了地狱入口处，何等不幸啊！未考入高中者，或许可以轻轻松松地生活，而你们却要每天、每周、每月、每学期地紧紧张张地鏖战，何等不幸啊！未考入高中者，或许不会时常面对考试，而你们的面前的考试何止十次百次？哪次考试不是惊心动魄、刻骨铭心？也许你们尽了最大的努力，却难以走出低谷，何等不幸啊！未考入高中者可以打游艺机、玩电脑游戏、听 MP3、看电视，而你们却不敢尽情娱乐，何等不幸啊！更不幸的是你们还要上大学，或许还要读研、读博、攻博士后，你们一生要没完没了地学习，不敢有丝毫的懈怠，何等不幸啊！还有，你们学富五车、满腹经纶后，生活也许比别人清贫，这又是多么不幸啊！”同学们听着听着，疑惑不解的神情更重了。

班主任接着往下说：“居里夫人决定从事开发放射性物质——铀的工作以后，她就像入了地狱一样。实验室，实际上是人们认为连搁置死尸都不合适的破棚屋。屋顶是玻璃的，夏天里面像蒸笼；如果下雨，他们就变成了落汤鸡；冬天室外下雪，屋里就结冰。破棚屋没有排烟通风设备，而熔炼沥青铀矿残渣时，会释放出大量的有毒气体，呆不多一会儿，就会恶心、头痛、呕吐。从 1898 年第一批废渣运来，到 1902 年居里夫妇就在这里整整搞了 4 年实验。每天，居里夫人把一袋袋废渣倒进大铁锅里，用一根几乎与她一般高的铁棍不断地在锅里搅动着。人们随时可以看到她穿着被化学药品烧得斑斑点点、破破烂烂的工作服在吃力地搅动着渣浆，她的胳膊、手指被烫得疤痕遍布，令人不忍目睹。居里夫人经受着地狱般的煎熬，她是多么不幸啊！”

顿了顿，班主任话锋一转，说：“大家明白，我刚才讲的是反话。有位哲人说：‘不幸是一所最好的大学。’居里夫人历经‘不幸’，而为人类做出了卓越的贡献；她以自己的‘不幸’创造了全人类的‘大幸’。可以说，不经地狱般的煎熬，一个人就不会有什么大的作为。同学们，你们的选择是高层次、有意义的，你们的一生也一定不会平淡。青春就应该铸上‘奋斗’二字。”看到同学们凝眉深思的样子，班主任可以知道他们即将高扬奋斗的风帆，开始新的航程了。

本招精要

初中毕业，升入高中，哪个学生不会心潮澎湃、热血沸腾，产生美好的憧憬和无限的向往？班主任可以抓住这个契机，引导他们体味“在科学的入口处就像地狱的入口处一样”这样火与血凝炼出的名言，深刻体会“不幸是一所最好的大学”这句话的哲理。让学生们的思考更深一些，促使学生的志向立得更高一些，激发他们向着目标奋进。

意志是每一个人的精神力量，是要创造或是破坏某种东西的自由的憧憬，是能从无中创造奇迹的创造力。

——莱蒙托夫

强化意志法

人们可能偶尔看到类似这样的班集体状况：进入高三已两月有余，但班内还未形成应有的竞技状态。六点半起床，但不少住校生却仍然蒙头大睡，七点过了才匆匆起床，然后匆匆抹把脸，或者马上到班内来，或者去买早点，早自习天天有七八个人迟到。班主任们见此肯定十分着急，想到当前必须具有良好的竞技状态，而懒散松懈是其大敌，清楚认识到懒散松懈源于意志薄弱。这个症结非一般要求、一般批评所能奏效的，水过地皮湿，治标不治本，要想从根本上解决问题，必须给学生打“强心针”，对他们进行强刺激，让学生振奋精神，以昂扬的斗志投入到高考复习中。

比如，班主任可以利用某个早晨，集合、组织集体锻炼、开展意志日活动。在晨光熹微中，班主任和同学们一起跑步3000米。大家跑得满脸通红、汗流浃背，有些疲惫，但更多的将是兴奋。明媚的晨光可以驱散懒散松懈之风，艰难的长跑可以激起青春活力。班主任作总结时，可对同学们再讲古代有大志者闻鸡起舞的勤奋精神，讲述体育强身健体的作用和锻炼意志的意义，表扬同学们按时参加意志日活动的精神，最后还可以布置每个同学交一份“百字文”谈感受、说体会，使得同学们加深认识、巩固效果。当班主任在灯下阅读并欣赏精美的百字文的时候，将是无比欣慰的。

本招精要

学生产生懒散松懈的情绪是司空见惯的现象，也是不容轻视的问题，班主任应从培养意志品质入手；不是生硬地说教，而是应该组织长跑等能够锻炼学生意志力的活动，让学生从中悟出道理，并及时布置学生写百字文以巩固成果。英国18世纪教育家洛克说：“有健康的身体才有健全的精神。”苏霍姆林斯基说：“经常的体育锻炼，不仅能发展身体的美和动作的和谐，而且能形成人的性格，锻炼意志力。”班主任工作也是条条道路通罗马，高超者善于开动脑筋，对症下药，选择一条正确的路。

好人的榜样是看得见的哲理。

——谚语

借助榜样法

借助榜样进行思想教育，这是传统的教育方法之一。今天的班主任们应考虑如何结合时代特点，赋予新的内容与形式，让老的传统方法发出更加耀眼的光辉。

有一天某班主任在报上看到了一则材料，心情难以平静，于是当天就对全班同学讲起来。材料上提到，为世人景仰的伟人周恩来的母校是南开中学，而南开中学蜚声中外、群星璀璨。周恩来是南开中学 1917 年毕业生，原国务院副总理邹家华是 1944 年毕业生，政治局委员、国务院副总理温家宝是 1960 届毕业生，中国科学院原院长周光召、中国工程院院长朱光亚等等中国科学院与中国工程院中的 30 余位院士都是南开中学的毕业生。还有，全国人大副委员长吴阶平、全国政协副主席万国权、孙孚凌、人民艺术家曹禺等等名人都毕业于南开中学。班主任让同学们对这个材料展开讨论。有的同学讲:"名校有名校的效应,名校有它得天独厚的优势,是培养人才的沃土,而名人又扩大了名校的影响,这二者是相辅相成的。我们虽然考不上南开中学,但我们决不能怨天尤人。相反,我们要树立雄心壮志,明天,我校因我而骄傲。我们要努力奋斗,为我校成为全国名校而努力;我们要奋发图强,做一颗新星!"这时班主任接过话茬,借题发挥说:"我校是全区父老瞩目的学府,是全区莘莘学子朝思暮想的圣土。你们完全应该做一颗新星。"

又一位同学发表看法:"我们每个人都会成为新星的,都能让我们学校赢得群星璀璨的赞誉。这个理想如何变为现实,而不会成为空想、妄想、狂想、枉想,还需要我们付出汗水,还需要我们发挥主观能动作用。"另一位同学接着话题继续说:"团支书讲要发挥主观能动作用,不要躺在名校的摇篮里做成才的美梦。那么,怎样才能更好地发挥主观能动作用呢?我认为培养对科学文化的兴趣和激发强烈的求知欲是根本。这张卡片记下某些名人论述学习兴趣的名言,我给大家读一读以求共勉。达尔文说:'我一生主要乐趣和唯一职务就是科学工作,对于科学工作的热心使我忘却或者赶走我的日常不适。'居里讲:'科学的探讨研究,其本身就含有至美,其本身给人的愉快就是酬报,所以我在我的工作里面寻得了快乐。'巴甫洛夫说:'感谢科学,它不仅使生活充满快乐与欢欣,并且给生活以支柱和自尊心。'丁肇中说:'成为一个杰出科学家最重要的,第一是对科学有兴趣,认为从事的科学是你一辈子唯一的乐趣,其他的都是次要的。'"问题讨论的越来越深入，最后该班主任进一步指出："兴趣是什么呢？兴趣是人们在探索认识某种对象的活动中产生的一种愉悦兴奋的感情，它促使人们心神俱往、注意力高度集中，以至于入迷着魔、乐而忘返，达到欲罢不能、如醉如痴、废寝忘食的境界，产生战胜一切困难的精神与劲头。"并激励同学们，为了让本校像南开中学那样人才济济、群星璀璨，培育起自己对科学文化的兴趣与乐趣。

本招精要

这里所采用的实际上也是在借助榜样在做思想鼓动工作。某位科学家、文学家、政治家、思想家，某位杰出青年都是榜样，而某个杰出的集体也是榜样，也可以发挥思想鼓动工作。苏霍姆林斯基说过："没有足以使儿童、少年和青年感动、钦佩、赞美、受鼓舞的榜样和理想，就不能想象有自我认识和自我肯定。受榜样的鼓舞、对榜样的钦佩，可以使人奋发向上，唤起对自身的思考，看到自己的优缺点，学生便会开始自觉地考验自己的意志和精神力量。"借助榜样进行思想教育，这是传统的教育方法之一。当今，班主任们不可忘记，抛之脑后；并且应考虑如何结合时代特点，赋予新的内容与形式，让老的传统方法发出更加耀眼的光辉。

当一个人感觉到有高飞的冲动时，他将再也不会满足于在地上爬。

——海伦·凯勒

借事生发法

班主任对青少年进行思想教育,很多时候,不是事先就固定好场所、确定好时间、决定好主题,而是有很大的随意性,往往结合一则新的材料、一个新的话题展开教育,这样做往往会收到更好、更持久的效果。

比如,某班主任在报纸上看到一则消息,标题是《微软中国研究院重金筑巢引凤》。这则消息说,1998 年 11 月 5 日“微软”挟8000万美元在北京成立“微软中国研究院”。作为在海外开设的第二家基础性科研机构,它计划在未来的几年扩大到 100 人,成为世界顶尖级别的科研机构。据测算每个研究人员平均拥有数十万美元的科研经费。该院首先聘请世界级专家、美籍华人李开复博士出任院长。前不久,世界著名科学家张亚勤博士加盟研究院,任首席科学家。张亚勤博士是数学形象和视频技术、多媒体通信、国际互联网等方面的世界级专家。1997 年,年仅 31 岁的张亚勤博士被授予为美国电气电子工程师协会院士。

第二天早自习,班主任即介绍给同学们,并引导他们进行思考。比尔·盖茨凭信息产业而富甲天下,微软成为信息科学世界的龙头老大。比尔·盖茨的《未来之路》、《未来时速》畅销七大洲,“微软”创造了一个神话。“微软”以咄咄逼人之势挑战世界、挑战中国。班主任提问:“怎样认识这个问题?请同学们讨论。”

新颖的信息吸引了青年学子。经过短短的思索,他们开始各抒己见。有一个文静的女孩,过去很少主动发言。今天也许是因为激动、冲动,她不仅主动发言,而且抢在了第一个。她说:“我觉得这是个挑战。美国的‘微软公司’竟然把科学研究院办到了我们的首都。这决不是送上门的桃子,他们决不是要资助、帮助中国,而是为了就近方便吸引中国的尖子人才,在挖我们的墙角。所以我认为我们必须增强国力,大力发展科技,使人才不外流。”

第二个同学说:“我不完全同意刚才的意见。‘微软’把科学研究院开在我国的首都,是挑战,但更是机遇。科学是没有国境的。他们在北京开科学研究院,世界顶尖级高科技就在我们的眼前,更便于我们摸到世界科技发展的脉搏,可以更好地刺激我国科技迅速发展;不用走出国门,我们就可以洞察世界科技风云,这难道不是难得的机遇吗?过去,我们优秀人才走出国门,学习先进国家的先进科学技术;现在我们不用走出国门,就可以学习先进国家的先进科学技术，这难道不是难得的机遇吗？”

一向喜欢科技知识的王同学避开争论，介绍起张亚勤来：“张亚勤被人称为‘神童’，12 岁即考入中国科技大学第二期少年班，23 岁即获得美国乔治·华盛顿大学电气工程师博士学位，31 岁成为美国电气电子工程师协会有史以来最年轻的院士。1999 年回国加盟‘微软’，出任‘微软中国研究院’的首席科学家。我想张亚勤是我们的骄傲。我们应该立下大志，做张亚勤式的青年，在科技上早日走上世界舞台。”高明同学深有感触地说：“澳大利亚科学家彼得·伊利亚德说：‘今天你如果不生活在未来，那么，明天你将生活在过去。’我们现在要放眼看世界，放眼瞻未来。用未来知识经济时代对人才的要求来塑造自身。未来，人类在电子信息、生物、航天、航空、新材料、新能源、海洋等高科技领域中将大显身手。为此，我们现在就应尽快地提高自己、尽量地充实自己，在未来的科技大潮中做弄潮儿。”班主任被同学们的远见卓识和宏大志向深深感动了。

本招精要

当今人们切身感受到科技迅猛发展，一浪高过一浪的气息，人们思考的是如何适应知识经济的逼人之势。在 21 世纪人类将会彻底告别工业经济时代而进入由知识与智慧做主导的知识经济时代，知识经济对科技及其基础——教育拟出了一份全新的试卷，怎样借这挑战与机遇的东风，培养创新型人才是摆在班主任面前的一道全新的试题。为此，班主任们的教育内容必须更新，不能再用老和尚念经的那几句话，而应用新信息新材料进行激志教育。班主任们就要激发青年的高飞冲动，激起他们要填补空白的欲望、敢为天下先的胆量。总而言之，班主任们应为培养一批世界级大师的崇高目标而不断创新工作。

要有生活目标，一辈子的目标，一段时期的目标，一个阶段的目标，一年的目标，一个月的目标，一个星期的目标，一天的目标，一个小时的目标，一分钟的目标。

——列夫·托尔斯泰

以信激志法

班主任工作方法千千万万,以信激志也是很好的一种。老师给学生写信,无形之中会缩短心理距离,增进感情交流。短短的一封信,也许会成为青少年克服困难、奋发向上的动力源。

夜阑人静,万籁无声,某班主任坐在书桌前,借着台灯柔和的光专心致志地给几个学生写信。“期末考试成绩有所下降,千万不要背包袱,更不要自卑自馁、垂头丧气、一蹶不振。谁没经受过失败的折磨,考场上从没有常胜将军。求知之路一向是荆棘丛生的,一定要闯过去。自卑是枷锁,会压抑人的聪明才智。抛开包袱,甩掉自卑,摔碎烦恼。胜利在前方,成功一定属于你!”这是写给汪同学的……

夜更深了,周围一切都沉在梦中。眼前闪现出一张张青春洋溢的脸庞，仿佛又听到他们清脆的笑声。班主任一下子忘了疲惫，又提笔疾书："过去你常问我：'您对我还有信心吗？'现在我再次说，重要的是自己对自己要有信心，一定要高扬起自信的风帆！"这是写给孙同学的。

已经深夜12点了，而一个眉头紧锁的脸庞浮现在眼前，班主任仿佛又听见她那沉重的呼吸，班主任感到一阵阵心痛，于是又提起了笔："在前进的道路上，哪里会总是风和日丽、一马平川呢？失败是人生的考验。在失败面前，有的人屈服了，于是一事无成；相反有的人笑对失败，总结教训，于是就会有突破，有提高，会享受'山穷水尽疑无路，柳暗花明又一村'的喜悦。一次失败、三次、五次失败算得了什么？跌倒了，再爬起来！不要自卑，自卑会吞噬人的聪明才智，自卑会束缚人的手脚，拖人向后退。……你担心前进中还会有'红灯'。这完全可能，要做好思想准备。可也要看到，化自卑为自强，化懦弱为勇敢，不是不可能，而是必然会减少乃至消灭'红灯'。只要努力了，就问心无愧；只要拼搏了，未来就会无比辉煌。最后抄录居里夫人的一句名言，让我们共勉：'我们必须有恒心，尤其要有自信心。我们必须相信我们的天赋是要用来做某种事情的，无论代价多么大，这种事情必须做到。'"

在假期里给学生写信，肯定其成绩，指出其不足，鼓励他们自强自信、焕发斗志，督促他们在假期里做好总结，磨快刀拉紧弦，以良好的心态迎接新的学期，这是班主任在工作中应该坚持的方法。给学生写信可以是班主任假期世界中一道亮丽的风景。

本招精要

班主任工作方法千千万万，写信激志也是很好的一种。朋友间的通信是传递友谊，亲人间的通信是传递亲情，班主任的信可以融注爱学生的一片真情。老师给学生写信，无形之中会缩短心理距离，增进感情交流。看到老师的信，学生会乐于接受老师的教育、指导和建议；看到老师的信，家长会深受感动，会更积极地配合老师做好子女的思想工作。千万别小看短短的一封信，它也许会成为青少年克服困难、奋发向上的动力源。

世界上最快乐的事，莫过于为理想而奋斗。

——苏格拉底

暗渡陈仓法

理想，是人类的生命之树，是青少年人生之舟的舵；对青少年进行理想教育不是应时之举，更不是赶时髦，而是中小学班主任工作永恒的主题之一。这样的道理，对于老班主任来讲是耳熟能详的。现在的班主任需要考虑的是：当前，经济体制改革日益深入，商品经济大潮汹涌澎湃，社会上急功好利、拜金主义、享乐主义等不健康思想有所抬头，这势必波及到青少年。班主任要认识到加强理想教育在今天尤为重要，但是怎么开展才能取得更大的实效呢？当代青少年的特点是求知、求新、求实和求变，教育方法太陈旧和教育痕迹太明显恐怕难以吊起他们的胃口。

于是班主任最好改变初衷，不再以“理想教育”为题，而是借同学们喜闻乐唱的名歌，比如以张雨生的《我的未来不是梦》

为题。梦——噩梦、酣梦、幻梦、美梦、睡梦、白日做梦、痴人说梦、黄粱一梦、南柯一梦……指的是睡眠时体内体外各种刺激或残留在大脑里的外界刺激引起的影像活动,常比喻虚幻;未来不是梦,就应是理想。

班主任可以尽量巧妙地把梦过渡到理想。

为此,班主任还可以把著名诗人流沙河的诗《理想之歌》打印出来发给学生,请学生集体朗诵。“理想是石,敲出星星之火;理想是火,点燃熄灭的灯;理想是灯,照亮夜行的路;理想是路,引你走到黎明。饥寒的年代里,理想是温饱;温饱的年代里,理想是文明;离乱的年代里,理想是安定;安定的年代里,理想是繁荣……理想开花,桃李要结甜果;理想抽芽,杨榆会有浓荫。请乘理想之马,挥鞭从此起程;路上春色正好,天上太阳正晴。”

这首诗节奏优美,语言铿锵,配以背景音乐《我的未来不是梦》,更动人心弦、引人入胜。

在优美的诗歌中、在悠扬的歌声中,同学们在思考、在讨论“我”的未来与我们的未来,我们的未来与祖国的未来,我们的现在与我们的未来……同学们满怀豪情,指点江山,激扬文字。

本招精要

班主任对学生强化理想教育,并不等于可以任意延长教育的时间、提高说教的声调、加快说话的频率,而应该别具匠心地采取借助青少年的各种爱好而潜移默化等方法。青少年有这样那样的爱好,我们以其爱好为酒瓶装入思想教育的酒浆,往往会收到事半功倍的效果。

第三编

德育篇

班主任要做好学生德育工作，必须全面深入了解、研究学生，争取社会有关方面和学生家长的配合，共同对学生进行教育。班主任特别要精心组织，培养健全的班集体，并把集体教育和个别教育结合起来，力争使班主任德育工作真正达到寓德育于教学之中，寓德育于活动之中，寓德育于学生自我教育之中，寓德育于管理之中。

德育历来是“五育”之首,德育工作在学校工作中占有举足轻重的分量。班主任是学校中全面负责一个班学生的思想、学习、生活等工作的教师,是班级的组织者、领导者和教育者,是学校办学思想的贯彻者,是联系班级任课教师和学生团队组织的纽带,是沟通学校、家长和社会的桥梁。所以,对学生进行德育教育是班主任的一项重要职责和任务。

班主任要做好学生德育工作,必须全面深入了解、研究学生,争取社会有关方面和学生家长的配合,共同对学生进行教育。班主任特别要精心组织,培养健全的班集体,并通过集体对学生进行教育,班主任要把集体教育和个别教育结合起来,要不断学习实践,力争使班主任德育工作真正达到寓德育于教学之中,寓德育于活动之中,寓德育于教师榜样之中,寓德育于学生学生自我教育之中,寓德育于管理之中。

德育是素质教育的重要组成部分。狭义的德育指的是道德品质教育,广义的德育则包括政治教育、思想教育、品德教育等。在科学技术高度发达的今天,物质财富日趋丰富,但人们的道德水准并不一定同步发展,有时甚至出现相悖的现象。

目前,在不断推进以德育为核心、以培养创新精神和社会实践能力为重点的素质教育中,德育面临着许多正待解决的问题。长期以来,我们的德育施教方式和内容滞后于社会发展的步伐。我国的经济体制和生产方式都发生了剧烈的变化,产业结构的调整,现代企业制度已开始建立,德育应顺应时代的需求,适应现代青少年发展的特点,要有新的发展与突破。虽然,从总体上来看,当前的中学生普遍具有较强的国家意识和爱国热情、能遵纪守法和热心公益，在人生价值取向等方面呈现努力学习、积极进取、健康向上的一面，但目前中学生的整体素质也呈现出明显的缺陷，特别突出的表现在承担责任、关心他人、自我管理、实践能力、承受挫折等意志品格等方面有明显的缺失。因此，学生德育教育应从学生实际出发，使我们的学校德育更富有实效。

1. 注重德育的实效性。德育教育有其自身的规律和特点。管理模式多种多样，但追求的目标都是力争培养学生正确的人生观、世界观、价值观，良好的行为规范、社会责任感与社会道德感，使个性得到和谐的发展。德育教育管理必须注重实效性，要使学生的心灵受到震撼，留下深刻印象，并持续影响其一生，引领和规范其行为。这就要求我们树立以学生发展为本的现代教育思想，注重和发挥学生在其自身发展的主体地位和主体作用，制订符合学生发展的德育工作目标，优化德育形式，使德育教育方法更具个性化、综合化和有效化；德育的内容应从“大家”走向“小事”，从远离生活到贴近学生，“从小事着手”，“从我做起”；德育教育活动要抓住学生的“生长点”，精心设计和实施主题活动，重视学生的共同管理与自我教育管理，使学生从他律走向自律。

2. 强调德育的全方位观念。学校强调每位教师都要参与德育管理，并能自觉地落实在行动上，学校制定《德育工作规划》、《教师行为规范》、《教师岗位职责》。实行“校级（行政值日）—年级（值日教师）—班级（值日班长）的三级日管理机制和校长—副校长—政教主任—年级组长—教师—学生”的德育管理体系，逐级处理学生问题；学校发挥每位教职工的作用，无论在教室、操场、图书馆、微机房、音乐室或美术室，只要有学生活动，必须有教师负责管理，包括对学生的思想教育，落实有效的常规措施；此外，我们还应注重课堂教学过程中的德育，通过启发、讨论、探究等教学模式，调动学生的学习积极性，设置必要的空间，让学生多思、多想和多问，发展学生的创造性，创设和谐的教学氛围，提升课堂教学效果，使教育真正进入学生的成长过程。

3. 设置合理的德育课程。加强各门学科的德育功能的开发，使其自然地恰到好处地利用自身的因素，发挥德育的辐射功能，如发挥中学思想政治课在学生思想政治教育中举足轻重的作用，发挥地理和历史学科的国情教育和爱国主义等教育资源优势，同时学校德育还应切入学校的教育过程和课程设计，根据学校实际、针对学生的心理特点、品质养成和素质发展不同，设置相关的德育课程，如行为规范教育、青春期教育、心理教育、法制教育、安全教育、禁毒教育、卫生健康教育、人际交往和性教育等众多德育范畴的内容的教育，把德育教育作为学生的一种能力来培养，在实践中提炼，形成特色、开发校本课程。

4. 发挥校园文化的育人作用。学校应充分重视为学生成长创造一个和谐的、平等的、有利于发展的、具有民主氛围的人文环境，充分尊重学生，使每一个学生得到健康发展；应注重校园文化建设，发挥校园文化的激励和引导作用，学校应强化自我历史的宣传，塑造学校的精神，让每一堵墙壁都说话，每一座人文景观都成为德育的阵地。对学生进行正面的学校文化的熏陶，陶冶学生的情操；学校应大力支持学生组建社团，如文学社、记者团、棋类沙龙、球类俱乐部等，开展有意义的社团活动，培养学生的组织能力和创造性思维能力，让学生在活动过程中进行自我教育、处理人际关系、调节和控制自身的行为和习惯，同时丰富学生课余生活，这有利于活跃校园气氛，有利于学生形成良好的个性和心理品质。

5. 重视社会和家长的有效参与。新形势下，德育工作必须纳入社会大体系，构建学校、家庭和社会三位一体的德育网络，使德育走向社会化已得到广泛认同。学校应重视社会和家长的有效参与，通过成立学校社区教育委员会、家长委员会等，建立正常的例会制度和职责，对学校的发展、政策、措施等提出建议，参与对学校教育和教师的评价，宣传学校的办学思想、目标和特色，协调学校和家长的关系，协助学校开展各项工作，监督保障学校依法治校措施的落实，保护学生的合法权益等参与学校教育管理；学校充分利用和发挥社会资源和力量，通过建立校外教育基地和社会实践基地，与社区精神文明共建等，开展护绿、助残、国防教育和社会服务等开展各种社会实践活动，培养学生的责任意识和服务意识；全社会都要重视、关心和支持学校德育工作，只有社会、家庭和学校协同作战，以各种形式拓宽德育渠道，才能形成德育工作的合力，为学校德育营造一个良好德育大环境，形成有利于学生身心健康发展的社会环境。

多年的教育实践证明，激发学生良好的心理动机，调动其积极性和创造热情，离不开行之有效的情感激励。现在的学生思想活跃，情感丰富，知识面广，班主任在开展教育工作时，应体现以关心、理解、尊重和信任为主要表现形式的情感因素，并以此激发学生的责任意识，努力学习，为实现共同目标而奋斗。为此，班主任在德育工作中要全面关心学生，体现主观能动、结合实施的原则；充分理解学生，体现拓宽渠道、双向沟通的原则；充分尊重学生，体现因人制宜、有疏有教的原则；充分信任学生，体现情理相济、造就提高原则。关心、理解、尊重和信任是增强师生之间情感的纽带，沟通师生间心灵的桥梁，班主任与学生之间永携关心、理解、尊重和信任之手，就能营造和谐的教育环境。

引导学生学会做人，这是德育的核心，也是现代学校教育的灵魂。作为人类灵魂工程师，我们要通过德育的创新，不断提高德育管理的实效性，更好地发挥学校德育功能，开创学校德育工作的新局面。

以上我们主要对德育工作方法做了理论上的概述，下面我们则精心筛选了许多生动有效、形式多样的德育工作具体策略，希望能对班主任的工作提供一定的帮助。

道德教育成功的「秘诀」在于，当一个人还在少年时代的时候，就应该在宏伟的社会生活背景上给他展示整个世界、个人生活的前景。

——苏霍姆林斯基

引“诺贝尔”法

德育工作一定要密切联系当今时代，努力使之富有时代感和新鲜感。

《人民政协报》曾刊登了题为《中国，向诺贝尔挺进》的文章，引起了一位班主任的特别注意，他立即介绍给自己的学生，以期也引起学生心灵的震撼，他认为作为中华民族的一个教师，有责任把那篇文章介绍给学生，因为他们是我们中华民族的未来，是中华民族未来腾飞的希望。同学们凝神静听班主任的演讲，“中华民族应该打破诺贝尔奖为零的纪录。1900 年成立了‘诺贝尔奖基金会’，1901 年 12 月 10 日首次颁奖。最初设有物理奖、化学奖、生理或医学奖、文学奖与和平卫士奖共五项大奖，1968 年又设立了经济学奖。瑞典皇家科学院负责物理、化学、经济学奖项的评定工作，斯德哥尔摩的卡罗林斯卡医学院的诺贝尔大会负责生理或医学奖项的评定工作，瑞典文学院负责文学奖的评定工作，而和平卫士奖的评定工作则由挪威诺贝尔委员会负责。从 1901 年到 1998 年，共有四百五十余位世界各国科学家获得诺贝尔科学奖，可是中华人民共和国这个曾经发明了火药、指南针、造纸术和印刷术的文明古国，竟然至今与之无缘，这岂不是我们炎黄子孙的耻辱吗？”

这时甲同学举手提出疑问：“李政道、杨振宁是诺贝尔奖得主，他们不都是华人吗？”班主任解释说：“确实有 6 位华人先后获得诺贝尔奖：李政道、杨振宁同在 1957 年获奖，丁肇中于 1976 年获奖，李远哲于 1986 年获奖，朱棣文于 1997 年获奖，崔琦于 1998 年获奖。但是这 6 人都是移居海外的华人，都属于美国公民，不能记在中国的功劳簿上。特别值得注意的是：中国大陆的科学家至今与这项世界性科技大奖无缘。同学们，就此事请你们谈一谈自己的认识和感受。”

副班长首先发言：“据我所知，日本获得了 5 个诺贝尔奖，德国获得了 61 个诺贝尔奖，英国获得了 66 个诺贝尔奖，而美国竟然获得了 175 个诺贝尔奖，美国是当今科技大国。纵观历史，中华民族曾是世界上最富有创新精神和创造成就的民族之一。在科学技术方面，中华民族曾长期为世界之首：从宋元到明初，在世界重大科技成就中，由中国人创造的约占 58%，1750 年中国制造业产量占世界制造业产量的 32.8%，直至 1830 年中国仍占 29.8%，仍为世界之首。今天，在我们这一代，中华民族应该重新焕发青春！”乙同学说：“有资料介绍，一个国家，建国后一般不超过50年就会产生至少一个诺贝尔奖得主。前苏联1917年建国,1956年获得第一个诺贝尔奖,用了39年;原捷克斯洛伐克用了41年,波兰用了46年,巴基斯坦用了29年,印度用了30年……我国建国已经50年了,还未获得一个诺贝尔奖。这不是中华民族的耻辱又是什么?”丙同学站起来发表自己的看法:“我看诺贝尔奖距中国已经不远,我们现在加快了科学创新的步伐,其重要证明之一就是中国科学院大力实施知识创新工程。中国科学院在国家科学创新体系中的定位是:努力攀登世界科学高峰,培养造就并向社会不断输送高级科技创新人才,不断创造和辐射高新技术,并衍生发展具有国际竞争力的高技术产业。这就是我们的希望。”

最后,班主任又讲道:“至今,中国科学院共从国外直接招聘了200余名学有所成的优秀青年科技骨干,从国内其他单位招聘了100余名青年科技带头人,目前在站博士后人员已接近1000名。为中华民族赢得第一个诺贝尔奖的可能就是在座的某一位。为了这一天的早日到来,让我们用辛勤的汗水写出惊天地泣鬼神的雄浑诗篇吧!”教室里激荡着催人奋发向上的激流。

本招精要

爱国主义教育为世界各国教育的主题之一,班主任应在德育工作中有意识地与诺贝尔奖等重要材料有机结合。利用从诺贝尔奖的历史到诺贝尔奖颁奖情况这些具体而翔实的材料,激发青年学生为我中华民族重展科技大国雄姿、为中华民族的伟大复兴而发奋学习。这样的爱国主义教育是坚实的，它与当今时代脉搏相吻合，这样的爱国主义教育也是新鲜的。坚实而又新鲜的德育，一定会有无穷的生命力。我们在德育工作实际中，一定要密切联系当今时代，努力使之富有时代感和新鲜感。

为学莫重于尊师。——谭嗣同

促生尊师法

一个主题班会，可以创造师生心灵交流的机会。尊师爱生会在师生心间扎下深深的根，也将成功地写出尊师爱生、欢洽融和的诗篇。

经过长期实践，班主任认识到孤掌难鸣，要带好一个班只靠班主任单枪匹马是不可能的，一定要团结科任老师，大家形成一股合力，拧成一股绳，群策群力，这是创建优秀班集体的重要条件。而目前的独生子女普遍带有“小皇帝”习气，是备受家长宠爱的一代。这些孩子的尊师观念自然也就有所淡化。那么怎样促进学生尊重老师呢？班主任为此设计一个旨在调动全班同学尊重师长情感的班会就很有必要。

经过精心筹备，班会由两位学生主持，应邀出席的科任老师坐在第一排。黑板上写着"老师,我们爱您"六个大字。班会开始,主持人代表全班发表讲话:"同学们,冬去春来,转眼间,我们在这个温暖的大集体里已经生活了五百个日日夜夜。当你满心欢喜手捧奖状时,当你信心百倍在学习征途上又跨上一层新台阶时……"王同学接着深情地说:"你,我,你们,我们,大家应该想到,是老师把我们引进知识的殿堂,是他们的辛勤劳动使我们健康成长。老师,如果没有你们的打磨雕琢,我们即使是一块宝石,也不会发出耀眼的光。"这时,全体同学起立,学生代表为一位位老师献上一束束康乃馨。在热烈掌声中,全班同学齐声高喊:"老师,我们爱您!祝您身体健康,永远年轻!"科任老师眼含热泪,相继发言,鼓励同学全面发展茁壮成长,祝愿班级蒸蒸日上再攀高峰。在座同学仔细地聆听,认真地思考。随后,主持人又请各科课代表上台向各科老师献词。在尊师爱师的浓郁气氛中,灿烂的笑容又飞上科任老师的脸颊。

班主任可以充分利用主题班会的形式,创造师生心灵交流的机会,重在与学生交流和诱导学生倾吐心声,以形成尊师爱生、欢洽融和的氛围。

教师之为教，不在全盘授予，而在相机诱导。

——叶圣陶

以旧促新法

身为班主任，应该时时抓住契机有意识地在教学中“传道”，进行“随风潜入夜，润物细无声”的思想教育，以全面提高学生素质。比如学习完某篇课文后，班主任按教学计划要求学生背诵，并进一步强调要默写，突出强调不仅做到一字不错、一个标点不差，而且要做到书写漂亮、文面整洁——目的是培养青少年一丝不苟的学风。

像这样话是说了，要求也提出了，但是学生能否做到，能否做好，可能很多班主任心里仍然没有底；怎样才算符合老师的要求，怎样才算高标准，恐怕学生心里也没数。班主任想教育学生不能空来空去，要在平时有意识有目的地多积累有关的教学资料，比如往届学生优秀书法作品等等，这些都可以是班主任工作的好助手。

班主任可以在学生们提笔默写之前先请同学们欣赏几件准备好的往届学生优秀书法作品，让他们传阅。那些作品有的笔力遒劲，给人以力透纸背、力有千钧之感；有的书法娟秀妩媚……虽然是写在无格的白纸上，却横是横竖是竖，上下左右疏密得宜，让人赏心悦目。在同学们津津有味、赞不绝口地观赏的时候，班主任可以趁势指出那些书法作品出于他们的师哥、师姐之手，他们精益求精、力争出精品的精神值得同学们学习。

“古人说：‘文如其人’；我们讲：‘字亦如其人’。我们不要为默写而默写，为写字而写字，而应借助默写培养自己严肃的学习态度、严谨的学风。今天也许你们的字暂时还不尽如人意，也许你们之间相距甚远。这些都不可怕，关键是你是否尽了最大努力，是否写出了自己最满意的作品，你今天的书法是否比昨天进了一步。”三言两语的鼓动很可能对学生产生巨大的震动，使得他们每个人都尽心尽力、严肃认真地书写。

班主任还可以乘势而进，在总结之后再提出以后每周练一篇习字的要求。这样不仅可以帮助学生养成严肃认真一丝不苟的学风，不甘平庸、敢争一流的精神，而且还将可能深刻影响他们因此而严肃认真地走好人生的每一步路，写好自己人生的这部大书。

本招精要

班主任在工作中采用旧物展示、以旧促新的方法，是因为往届学生是师哥师姐，近在咫尺，可以看得清、听得见、摸得到、赶得上；使学

生有亲近感，也自然会增强信心。有了展示的旧物，也就有了具体的形象、具体的高度，这样怎样学习、怎样提高就不会如同雾里看花了。每届总会有尖子生、特长生，把能展示他们才华的各类作品保留下来，让它们做教育新学生的助手，这是简单易行、确有奇效的好方法。

博观而约取，厚积而薄发。

——苏轼

名文寓教法

利用名文来教育学生可以是作为语文教师的班主任的独特一招。班主任可以用几个本子专门用来抄录利于开展思想教育的名文。名文之所以广为流传，就因为它不仅有艺术魅力，更有精神魅力：它启发人们思考人生，它教育人们追求真善美，它激励人们为美好的理想而奋斗。名文名篇确实是班主任工作的得力助手。

比如：在学生产生松懈情绪时，班主任可以拿出梁启超的名文《论毅力》，组织全班同学讨论。“……天下古今成败之林，若是其莽然（莽然，广大众多之意）不一途也。要其何以成（要，归究之意），何以败？曰：有毅力者成，反是者败。盖人生历程，大抵逆境居十六七，顺境亦居十三四。而顺境逆境又常相间以迭

乘，无论事之大小，必有数次至十数次之阻力，其阻力虽或大或小，而要之必无可逃避者也……”梁启超透辟的分析可以使青年学生增强持之以恒、迎难而上的毅力与勇气。

在学生产生浅尝辄止情绪而裹步不前时，班主任可以组织学生学习讨论胡适的妙文《差不多先生传》。此文虚拟了一个“差不多”先生，用幽默的笔法揭示了当时的一种社会弊端——凡事只求差不多，不讲认真，它像瘟疫一般毒害着社会，严重地妨碍着社会的发展。联系到学生的学习，差不多思想必会影响学习成绩的提高；如果养成了不良学习习惯，最后必会学无所成。

在学生产生懒惰情绪时，班主任还可以拿出契诃夫的妙文——《我的她》。这里的“她”指的是人们可能终生离不开的伴侣——懒惰，幽默大师契诃夫用拟人的方法辛辣地嘲讽了懒惰。学生会意的笑将表明他们对懒惰的憎恶。

名文的作用是巨大的，很可能同学们学了之后，一扫懒惰之风，又扬起勤奋的大旗。班主任只要经过长期的搜集抄录，学生产生什么问题，班主任都将有对症下药的名文名篇。

本招精要

名文名篇是人类智慧的结晶，是文学艺术的珍品。它的“名人效应”难以估算，有时组织学生赏析一篇短短的千字文，往往胜过班主任们不厌其烦的万言说教。班主任们应该悟透这个道理，让名文名篇来帮助班主任们塑造青少年的美好心灵。

教师的爱是滴滴甘露，即使枯萎的心灵也能苏醒；教师的爱是融融春风，即使冰冻了的感情也会消融。

——巴特尔

驱逐轻生法

当今，不少青少年心理脆弱，心理压力过大，抗挫折能力差。班主任更要准确把握学生的心理变化，悉心帮助有问题的学生走出阴影、发奋学习。

偶然间得知她的秘密——曾几度想自杀。这让她的班主任感到不安。她是个朴实勤奋的女孩子，但在14岁那年便萌生了轻生的念头。参加中考前，她又暗下决心——如果考不上重点高中就去死；结果天遂人愿，她如愿以偿。然而上了重点高中后，由于学习不得法，高一第一学期期末考试有三科挂了红灯。这对她如同在早已留下的伤口上又撒了把盐，她觉得头上似乎没有一片蓝天，阴霾压得她喘不过气来，于是她再一次想到死神那里去求解脱。随后她跑了几家医院，凑足了一瓶安眠药。一天在家里写好遗书后，抓起那瓶药，万幸的是，在那千钧一发之际，妈妈突然来找她……

班主任暗想：太可怕了，处于人生花季的孩子如此轻率地对待宝贵的青春、宝贵的生命。而她以后又怎么可能没有挫折呢？还会万幸下去吗？班主任有责任关心她，帮助她驱散心头的阴霾，鼓励她扬起自信自强的风帆，培养她百折不挠的精神，使她健全心理、学会生存。怎么办才能奏效呢？班主任知道此类问题不宜直来直去，而应该用巧妙的方法深入细致地做思想工作。在以后的一段时间里，班主任连施多招，终于攻下她心中轻生的堡垒。

具体可以这样做：第一，借助集体的力量进行引导。暗中指派几位同学亲近她、帮助她，与她同吃、同住、同玩、同学习。当她遇到挫折、情绪低落时，立即主动为她指点迷津。第二，开展活动提供动力。其一是鼓励她走上讲台主持班会，让成功的喜悦激励她笑傲人生、迎接挑战。其二是组织全班开展50里徒步郊游活动。田间风光，家乡巨变，激励她树立为家乡而刻苦顽强学习的志向；长途跋涉中脚磨出了泡，她硬是一瘸一拐坚持到底，这又增强了她战胜困难的勇气，磨炼了她的意志。第三，热情深入地与她谈心。班主任以师长的身份循循善诱，以朋友的身份推心置腹：谈绚丽多彩的人生，谈无限美好的青春，谈祖国热切的期盼，谈未来任重而道远。班主任帮助她认识人生：人生酸甜苦辣五味俱全，“天将降大任于斯人也，必先苦其心志，劳其筋骨，饿其体肤，空乏其身，行弗乱其所为……”一次次的谈话像春风吹绿了她心灵中的枯草，似细雨滋润了她干涸的心田。第四，抄录隽永的散文赠给她。如一篇名为《等待三天》，其结尾是耐人寻味的一段话：“每个人的心都好比一颗水晶球，晶莹闪烁，然而一旦遭受不测，背叛生命的人，会在黑暗中渐渐销殒；而忠实于生命的人，总是将五颜六色折射到自己生命的每一个角落……”文章引起她的深思，激励她正确认识总是伴随着几多不幸几多烦恼的人生。第五，语重心长写赠言。在迎新年之际，班主任特意送了她一张贺卡，上面写了这样一段赠言：“春天之拂晓，云蒸霞蔚，敏捷的大雁，凌空翱翔；人生之花季，姹紫嫣红，奔腾的骏马，纵横驰骋。愿你永远做生活的强者，凌霜傲雪。”赠词中嵌含有她的名字，为师者一片热切的希望寓于字里行间。

功夫不负有心人。在班主任的精心教育和感召下，在全班同学的帮助和激励下，她变得爱说爱笑了，后来她又破天荒地参加了年级跳绳比赛。随后在期末考试中，她因进步显著而获得学校表扬。后来，她给班主任写了一封信，信中说：“当我在黑暗中摸索，即将失去勇气的时候，您是一盏明灯，给我指引了方向；当我在寒冷中畏缩，即将被冻僵的时候，您是一股暖人的春风，让我从寒冷中解脱；当我在困难关头徘徊，即要退却的时候，您是一首催人奋进的歌，使我重新恢复了自信。”读着热情洋溢的诗句，让人倍感欣慰。

当今，不少青少年心理脆弱，心理压力过大，抗挫折能力差，极易患心理疾病，严重的甚至酿成轻生的悲剧。这已引起全社会的关注，作为班主任更要关注这个问题，要防微杜渐，准确把握

学生动态，洞悉学生心理变化，把有轻生念头的青少年拉出阴影，投身于生活的七彩阳光中，激励他们勇做劈风斩浪的弄潮儿。

热爱孩子是教师生活中最主要的东西。

——苏霍姆林斯基

拂尘塑心法

青少年思想幼稚，做错事在所难免，做师长的应宽大为怀，以攻心为上，要柔风细雨、深入细致地帮助他们改正错误，以此为戒。

有一次，某校图书馆购进一批新书，图书馆管理员尚未造册编号，某班主任便“走后门”给班里每人借了一本，让同学们先睹为快。放学时，班主任让学习委员把书收回来还给图书馆。出乎意料的是竟然丢了一本，怎么找都不见踪影。

第二天一早，班主任到教室有意识地轻描淡写地说：“昨天哪位同学忘了还书，请马上交给学习委员。”结果仍是“泥牛入海无消息”。图书馆管理员说：“不就是一本书嘛，你给开个证明报个正常损耗算了。”班主任想，这是人家宽慰体谅班主任，但这决不

能算是“正常损耗”啊！人家原谅班主任，但班主任不能原谅这个心灵蒙上灰尘的学生。班主任反复思考权衡，最后决定采用攻心术，用柔风细雨去涤荡那个同学心灵中的灰尘。

第三天下午放学铃声刚一停，班主任便走进教室，在黑板上写下这样14个大字：“务以善小而不为，务以恶小而为之。”不少学生当即指出：“老师您写错了，应该是当‘不要’讲的‘勿’。”全班同学来了兴致。这正中班主任的下怀，其实这是班主任设下的“故作错误”之计。班主任边改边说：“同学们提的对。你们看一字之差，谬之千里啊！”随之又意味深长地说：“我们任何时候都不能忽视小小的‘一’啊，千万不要因为错事小而不介意啊！”接着班主任又引用了几句格言俗语，像“小洞不补，大洞难堵”、“千里之堤，溃于蚁穴”等等。然后班主任又慢声细语地讲了一则故事。

这个故事发生在淮海战役。一位解放军战士被地雷炸得遍体鳞伤而奄奄一息，指导员看见他在冲锋的路上第一个滚下身子，压响了一串地雷，为战友们扫清了道路，为胜利立下了大功。师首长亲自来到前沿阵地看望他。他第一次和师首长挨得这么近，神情显得十分激动。师首长俯下身子告诉他：“我们已经为你记下一等大功，授予你‘滚雷英雄’的称号。”听到这个喜讯，战士的眉头却一下子拧紧了，并轻轻地摇了摇头。师首长不解地问连长：“这个战士在战斗前有什么要求？”连长回答说他提出了火线入党申请。师首长立即指示连党支部开会讨论这个问题。几分钟后结果出来了，大家一致同意吸收这位“滚雷英雄”加入中国共产党。师首长马上亲自把这个喜讯告诉了他，但是他那紧锁的眉头还是没有松开，眼睛像罩着一层雾。师首长更加疑惑不解。

“我们不能让‘滚雷英雄’心事重重地与我们永别啊!”师首长问,“他还能写吗?”军医回答说:“他的右手还能动。”于是连长捧着本子,把笔塞到他的手里。汗珠从额头淌下来,足足15分钟,他写下了歪歪扭扭的15个字:“我不是滚雷英雄,我是被石头绊倒的!”他是用尽最后一点气力,加上感叹号。笔掉到了地上,他睁着双眼死了。那双眼更加明净,更加清澈,再没有那层雾……

教室里静得掉根针都听得见,学生在用心灵倾听。班主任提高了声音说:“这就是我们的解放军战士,一尘不染、心怀坦荡,多么纯洁、多么高尚。他不写出那15个字,也没有什么过错,他毕竟是前进在冲锋的路上;他写出那15个字,就不会再获得‘滚雷英雄’的称号,但是他的人格、他的精神顶天立地,重于泰山。”接着班主任乘势把话锋一转说:“我们的战士不容许一点灰尘玷污自己的心灵,这值得我们学习。最近,我班丢了图书馆的一本书。一本书微不足道,但是私藏它就是背上了一个包袱,怎么不会感到步履艰难呢?正如同学们日前讨论归纳的那样:做人要光明磊落,顶天立地,知错必改。我相信这位同学会完璧归赵的。悄悄地放到班主任的办公桌上,是好样的;当面交给班主任,更是勇敢的人。”最后班主任又交待说:“人非圣贤,孰能无过?有过则改,还可成为圣贤。班主任以人格保证,一定会保密,一定不会歧视他。”不少同学赞同地点头,班主任知道已经拨动了学生的心灵之弦。

第二天,一个学生红着脸把书交给了班主任,还有一封检讨信。班主任当着他的面把检讨信撕了,拍着他的肩膀诚挚地对他说:“好样的,让咱们都把这件事抛到九霄云外去吧!”柔风细雨荡除了他心灵的灰尘，班主任情不自禁地笑了，这位学生眼里噙着泪花也笑了。

本招精要

金无足赤，人无完人。人非圣贤，孰能无过？青少年思想不成熟，易冲动，往往会因为一时是非不分、认识糊涂而干了错事，这在所难免。对此，班主任应该以宽大为怀，并帮助他们改正错误，引导他们以此为戒。班主任切忌只图一时痛快、一时轻巧，对其进行简单粗暴的教训。班主任的一推或一拉，也许就决定一个学生的成长。另外，本法还启示班主任们：做思想工作要以攻心为上，攻心要柔风细雨、深入细致，完成塑造美好心灵的工作。

爱，首先意味着奉献，意味着把自己心灵的力量献给所爱的人，为所爱的人创造幸福。

——苏霍姆林斯基

教育调查法

问卷调查可以作为沟通师生思想的重要渠道。班主任必须全面彻底地了解学生的所思所想，掌握学生的思想脉搏，才有可能有的放矢地进行思想政治教育。

如果只是想当然地确定德育的内容与方法，那无异于瞎子摸鱼、闭起眼睛捉麻雀，是难以取得实效的。因此，每个学期班主任都要精心设计，搞一两次问卷调查，据此而制定工作计划，确定工作重点。例如每届接手新班，第一件事往往就是搞次问卷调查，这应当形成规律。

比如，班主任不妨在问卷上提问。第一个问题是：你最敬佩的人是谁？可能后来统计的情况是：敬佩周恩来的 11 人，敬佩自己父亲的 5 人，敬佩郑智化（台湾歌星、残疾人）的 3 人，敬佩自己母亲的3人，敬佩鲁迅、张海迪的各2人，而居里夫人、爱因斯坦、爱迪生、贝多芬、牛虻、李清照、诸葛亮、周润发、刘晓庆、拿破仑、秦桧、希特勒等各有一个崇拜者。由此可见，全班同学敬佩的对象涉及到24个古今中外人士，这说明当今青少年崇拜呈多元化趋势，学生崇拜的对象不仅有伟人，而且还有秦桧、希特勒这样的历史罪人。这表明当今青少年不迷信宣传、不崇拜权威、不轻易服从，敢想敢说没有顾虑；并且表明当今部分青少年是非不分，重才轻德、重强轻弱，因为秦桧、希特勒有所谓的“才”，所以就盲目崇拜。所以，班主任有必要在今后的工作中竭尽全力提高学生的思想政治觉悟，使之明辨是非、立场坚定，德与才全面发展。

当问到同学们想以后从事什么职业及其理由的时候，根据统计情况进行分析可以发现：一是青少年思想活跃，全班共选择出近20种职业，五花八门；二是几乎无人选择教师职业，说明当今青少年多的是务实精神，因为他们看到教师工作辛苦，工资待遇相对还比较低；三是学生的选择大致分为两类，一是利他型，如医生职业“可以治病救人”，律师职业“要铲除人间邪恶”，二是利己型，如导游职业“可以游遍名山大川”，选择企业家职业因为“喜欢老板的派头”。

根据如此这番摸底调查，班主任可以认识到在今后的德育工作中需要加强对学生树立远大理想的教育，把个人追求与国家需要统一起来。总之，通过这种问卷调查，班主任可以有的放矢、更好地实施德育工作。

本招精要

教育调查就是对学生、教师的各种情况或信息资料进行全面或局部的搜集、整理、分析和研究，从中找出规律，总结经验，做出客观结论并对相关教育工作安排提供针对性指导的方法。问卷调查是其中的一种形式。兵法讲："知己知彼，百战不殆。"班主任的工作要想取得实效也必须知彼，深入全面地了解学生，而学生在德智体美劳诸方面有什么问题，通过各种途径和方法去了解、掌握情况，把准脉搏，有的放矢。

只有爱才是最好的教师，它远远超过责任感。

——爱因斯坦

献礼致情法

班主任一定要把培养青少年的丰富感情(懂得爱自己的母亲、自己的老师和自己的同学)作为一项重要的任务。

上课时间已经到了,而某班的教室里还是一片欢声笑语,时而还会飘出一阵阵热烈的掌声,该班班主任坐在办公室里备课,对隔壁教室里的笑声、掌声似乎充耳不闻。校长疑惑不解地走近这班教室,只见年过半百的李老师手捧一束康乃馨面对同学们兴奋地说着什么。在鲜花的映衬下,李老师显得年轻了许多,两颊红红的,眼里含着热泪;又听她颤声地说:“谢谢同学们。我从来没有为自己过过生日,我的孩子也从来没有为我这个母亲过过生日。今天是你们给我送来了康乃馨,给我送来了生日的祝福,送来了人间最美好的感情。你们就是我的孩子们,我感谢你们。我一定把你们的祝福保留在心间,保留到永远。”一阵热烈的掌声后,全班同学站了起来,轻轻地拍着手,轻轻地深情地唱着生日祝福歌。

原来是为任课老师过生日,是班主任事先安排好的促进学生尊师的一招。为此,班主任查阅过有关老师的生日、爱好等有关资料,经过班委会讨论,决定在老师生日那一天上课时举办个小小仪式,送件小礼物,送上生日祝福。而且为每位老师举办的小仪式和小礼物也各有特色。送给年轻的英语老师的小礼品是带音乐的生日贺卡,她打开贺卡,在优美的音乐声中朗读英语贺词。化学老师虽然年仅三十岁,但已经是市级学科带头人,给他的小礼物是一艘工艺船,上书四个金字:鹏程万里。赵老师再过半年就要退休了,送给她的礼物是一台八音盒,一拨弄机关,生日祝福歌就飘然而出,平时不苟言笑的赵老师竟然像孩子般笑得分外甜,一再表示要把这个班教到毕业再退休……

本招精要

科任老师生日时,送上一束鲜花,送上一句祝福,送上一件小礼物,这样师生感情汇合在一起,心也就贴在了一起,巧妙地达到了生尊师、师爱生的目的。这个献礼致情招还妙在因人而宜,根据老师的年龄、性别、经历、爱好、特长及所任学科等的不同特点,送上不同的小礼物,无形中也培养了学生的能力。礼物或许轻如鸿毛,重要的是情感,班主任们一定要把培养青少年具有丰富的感情(懂得爱自己的母亲、自己的老师和自己的同学)作为一项重要的任务。

精神空虚，思想枯竭，志趣低下，愚昧无知等，绝不会焕发和孕育出真正的爱。

——苏霍姆林斯基

培养爱心法

爱是永恒的主题,乐于奉献爱心应该成为青少年的优秀品质,班主任们应该以精心塑造青少年的美好心灵为己任。

八仙过海,各显其能。如果说思想政治工作是个海,那么泛舟其上的班主任各自都有过海的招数,而班主任经常需要使用的是培养爱心招。

爱祖国、爱人民、爱家乡、爱师长、爱父母、爱同学、爱弱者……爱能激发青少年的怜悯心、责任感,爱是高尚的情操,爱是美好心灵的重要因素,爱是克服困难奋勇前行的巨大动力。围绕培养爱心这个中心,带任何一届班级,班主任都要演出重点戏。

比如,有一次,某班主任看到《中学生知识报》上刊登的题为《学海无涯苦作舟——记上海交大附中女学生沈漱舟》的通讯报道,很受感动。沈漱舟的父母都是盲人,在她 10 岁时父母离异。不久,母亲患骨髓空洞症,全身瘫痪,大小便不能自控,后来只好住到郊县福利院。因为家庭特殊困难,沈漱舟没有一件新衣服,没有电视看,缺乏学习用品,缺乏营养,一元钱几斤的土豆是她的家常菜。生活上的困难,她从不放在心上,她热爱读书,她说:“只要有书读,就可以补偿匮乏的一切。”她身处逆境,自强不息。每星期六中午一下课,她便带上几个馒头花四五个小时去陪伴母亲,在车上她背诵英语单词或数理化的公式。在强手如林的上海交大附中她考出全班第一、年级第四的好成绩。

该班主任想自己的学生与沈漱舟年龄相近,年级相同,但吃苦耐劳刻苦学习的精神却大相径庭。如果借此做文章,应该说是对症下药的,于是在班里开展了向沈漱舟学习奉献爱心的活动。班主任有条不紊地开展了一系列活动。

首先组织全班学生学习了通讯报道,然后布置班长和团支书代表全班同学和全体团员分别给沈漱舟同学、《中学生知识报》社长、总编辑张民生先生写了信,并让全班同学一一签了字。在一封信中写道:“……我们是沈漱舟同学的同龄人,是继往开来、敢于开拓的新一代,我们是跨世纪的接班人。磨炼自己、充实自己、提高个人素质和修养是我们的当务之急。在像沈漱舟同学这样无数优秀青年的感召下,未来宏伟蓝图的绘制者——我们,将意气风发,更有作为……”

与此同时,班主任还布置同学们写题为《沈漱舟同学的启示》的作文,并在班内进行了交流。紧接着,团支部又组织了募捐活动。在《人人献出一片爱》的动情歌声中,大家相继走向特别制作的捐款箱,郑重地捐出了零花钱,有的竟把买衣服的钱都毫不吝啬地捐了出来。刘同学一人就捐出50元,全班一共捐出1269.87元。随着“捐款献爱心”活动的开展,班内又掀起了“向沈漱舟学习,刻苦攻关”的高潮,并开展了一次远足活动。班内刻苦学习、磨炼意志的氛围越来越浓厚。后来《中学生知识报》在头版头条的位置全文刊登了这班同学的信,并加了编者按,沈漱舟同学也给这班同学写了回信。班主任在班内宣读了来信,全班同学心潮澎湃,这个活动又掀起一个新的高潮,爱在同学们的心间扎下了根。

本招精要

班主任可以借助自己学生的同龄人身处逆境自强不息的事迹开展一系列活动,内容丰富,层层推进,步步深入,形成几个小高潮。班主任应着眼于培养学生的爱心,激发学生学习优秀青年的优秀品质,将给予和吸收结合在一起。爱是永恒的主题,乐于奉献爱心应该成为青少年的优秀品质,让班主任们精心塑造青少年的美好心灵。

第四编

班务篇

现在的学生，大多是独生子女，家庭给予子女过多的爱，而子女们往往精神承受力差，个人占有欲强，但同时，他们思想活跃、接受现代信息能力强，却缺乏辨析选择的能力。面对这样的学生，班主任如何在新形势下做好班务工作，已成为一个迫切需要解决的问题。

"班"是学校的基本组成单位,学校德育工作的开展、教育教学工作的进行,都离不开周到细致的班务工作,班务工作抓好了,就能形成良好的校风、班风和学风。因此,做好班主任工作在学校工作中尤为重要,盘活班主任的工作,在某种意义上来说就盘活了学校工作。班务工作的管理是一项系统的工程,在管理的过程中,不断探索,加强研究,就能做好学校的班务管理,保障学校育人的良性发展。

班级管理的目标是让学生养成积极向上的生活态度、一丝不苟的处事作风,从而形成良好习惯迁移到学习中,全面提高学生的素质。班主任工作态度如何、教育是否恰当直接影响到学生学风的好坏,素质能否全面提高。一个优秀班要有全方位体现,要充满正气、积极向上、互助友爱、团队精神强、学习成绩好。而现在的中学生,大多是独生子女,家庭给予子女过多的爱,不少学生精神承受力差、情感脆弱、个人占有欲强、物质拥有量过剩,同时,现在的学生思想活跃、知识面广、接受现代信息力强,但缺乏辨析选择能力。班主任工作做不好就会贻误学生的一生,反之,学生会尊重你一辈子。如何在新形势下做好班务工作,已成为一个迫切需要解决的问题。为此,班主任需要做到以下几点:

第一,利用整分合原则,及时组建班委会。第二,尽早熟悉学生的名字。第三,上班会课要做到充分准备。第四,建章立制、规范学生言行。第五,以自身的示范带动学生。第六,把握师生关系的度,不可关系极端化。第七,坚持弹性原则,对犯错误的学生要留有"余地"。第八,遵守能力等级原则,发挥学生的特长。第九，重视细节，从平常事、小事抓起。第十，以真情为主线，关注每一位学生。第十一，做好评价督导，促进学生自我完善。第十二，适时做好家访，力争家庭、社会与学校“三教合一”。

班主任工作是一门艺术，它充满创新的空间，富有挑战性。面对现在新形势、新问题不断出现，这就要求班主任必须具有良好的心态，以极强的敬业精神与顽强的毅力，不断克服困难、消除盲点，减少失误，早日走向成熟，真正做一名探索型和创新型的德育工作者。

班务管理工作是一项复杂而周期长的系统工作，班主任是这项具体工作的组织者和实施者。上要对学校、社会负责，下要对学生、家长负责，中间还要协调好学科教师工作。可见，班主任若想切实有效、有声有色地开展好班务工作，那就不仅要有先进的教育思想，而且还需要科学的管理方法。因此，下面我们从各地学校的班务工作先进经验中筛选出了有代表性的工作方法，以供班主任参考。

> 把自己的私德健全起来，建筑起「人格长城」来。由私德的健全，而扩大公德的效用，来为集体谋利益……
>
> ——陶行知

学生拟“训”法

用班训笼住全班学生的心，用组训笼住全组学生的心，这是个常用常新的办法。但在实施过程中要切记“学生是主体，班主任是主导”这一教育原则。

对一个班集体而言，增强凝聚力非常重要。采取什么措施，一个集体必须有统一的意志、统一的步伐和统一的行动。“人心齐，泰山移”说的就是这个道理，没有班级凝聚力就没有战斗力，没有凝聚力班集体就形同一盘散沙。但是到底要以什么方式实现“班级的统一”这个目标呢？班主任可以利用班训组训使全班同学劲往一处使、心往一处想。班训组训简洁明快，通俗易懂，激励人心。可是全班六个组，一组一条组训，而班训要想条条稳妥、条条醒目、条条都能激动人心，确实很难，这就是所谓的

"一人难称百人心"。不过,组训是小组的口号,理所当然由小组成员去拟;班训是班级的行动准则,也应充充分调动学生参加拟定。如果班训由班主任一锤定音,效果会不如人意,应让学生自己去拟,学生可以集思广益,充分发挥自己是班级主人翁的意识。

班主任在开学后的第一件事就应是动员全班同学人人动脑、个个动手拟写班训、组训。经过几轮讨论、几番修改,凝聚着集体智慧的班训、组训出台了。然后可以再从若干条班训中,最后定下一条为首选,比如"学习为主、德育为首、提高素质、争创一流"等等。各小组相继推出精心构思的组训。看着那些出自全班同学之心之手的班训、组训,班主任将会感受到集体跳动的脉搏,感受到学生的才华。

本招精要

用组训笼住全组学生的心,用班训笼住全班学生的心,这是个常用常新的招数。而在这类事情上,班主任最好不要大包大揽,而要发动学生集思广益。这样班主任既省了力,又调动了学生的主观能动性。假如由班主任一手包办,那么班训、组训势必形同行政命令,学生可能会袖手旁观。而如果班主任充分相信学生,全面发动学生,让他们自己做主人,班训、组训出自他们的口、他们的手、他们的心,这样班训、组训就有了朝气,有了生命,有了感召力。不过在实施本招时,班主任要时刻牢记"学生是主体,班主任是主导"这一教育原则。

每当我们给个人一种影响的时候，而这影响必定同时应当是给予集体的一种影响。

——马卡连柯

组际竞赛法

优胜劣汰的社会就应着力培养勇于竞争的精神。班主任设计这类活动，一定要注意工作细致具体，并持之以恒。

某班教室后墙上新贴出一份大表格——组际评比一览表，走近一看，名目还真不少。纵的栏目有：十月、十一月、十二月、一月，月份中各有组别；横着看，最上面一行的栏目有：好人好事、板报评比、各科成绩、各项活动出勤、作业检查、公益劳动、公物保护、教室卫生、宿舍卫生、各项竞赛……一个集体必须有你追我赶、万舸争流的气氛，这样班级才如一潭活水，才会充满生机。

这样以小组为单位展开竞赛，有利于培养同学们集体主义观念、集体荣誉感。竞赛不是一时一事，而是长久的、全方位的，所以每个月都应有评比。横的栏目众多,包括课内课外、德智体美劳诸方面,这样可以促进同学们全面发展;学习不是个体的竞争,而是小组总成绩的抗衡,这样有利于促进互相帮助。

年级或学校的一些常规检查也与小组竞赛挂上钩:你组这回负责板报获得了多少分是组际竞赛的组成部分;学校检查卫生时你组得了多少分等等,都要上表。这样一目了然,责任清楚。组际竞赛每月一小结,每学期一大结。学期组际竞赛的小组成绩不能进入前三名的组员不得评为三好学生,组际竞赛优胜组获流动红旗。全校秋季运动会上,一般而言,满额报名很难、布置写广播稿较难。而这个班是从 10 月份开始搞组际竞赛,并事先讲明主动报名参加运动会的给所在的小组加 5 分,获得名次的加 10 分~20 分;写广播稿的也给小组加分。因此,这个班后来全额报名,一个不缺;写广播稿情况是,6 个人的小组竟写了 43 篇,最少的小组也写了 20 篇,全班共上交了 200 篇,创那届运动会之最。

可见,开展组际竞赛,并让各组自己制定参加组际竞赛的详细计划,这样就可以增强组长的责任心,提高组员的积极性。由此我们也可以看到青少年蕴藏着丰富的智慧和力量。这样的组际竞赛的经验值得推广,能够促进学校德育工作再上新台阶。

组际竞赛虽然看似很简单,却同样可以产生很大的效果,这说明班级德育大有文章可做。班主任在德育工作中,要善于引进竞争机制,以形成一种你追我赶的气氛,使班级更富有活力。

开展组际竞赛之后，这个组工作上去了，那个组工作上去了，那么整个班级的工作势必会走上新台阶。优胜劣汰的社会就应着力培养勇于竞争的精神。重要的是，班主任设计这类活动一定要力求比较新颖的，而且工作细致具体，并注意持之以恒。实际上，有的班主任也是频频出新招，但总是热三天就冷了下来，虎头虎尾，有善始没有善终，这是不可取的。

借力使力，不费力。
——佚名

异地友班法

青少年之间互相做思想教育心理疏导工作，哪一方都成为班主任的得力助手，比班主任们单枪匹马的力量大得多。

某班主任接手的是一个普通班，一个斗志低沉、精神难振者的集合体，但是身为班主任，又是热心于班主任工作及其研究的老德育工作者，决心点起一把火，让这个班重新振作起来。这把火就是异地通信（异地友班）。

设想一下相距几百里、几千里的两个班级的素昧平生的同学突然通起信来，在信中他们相识、他们相知、他们互相学习、他们互相激励，这样不可以激起自尊、自爱和自强的精神吗？这样不是有利于培养关心他人的感情吗？异地通信必会赞扬自己的学校、自己的班集体和自己的老师，这样势必增强集体主义精神;异地通信必会赞颂自己的家乡,这样势必增强热爱家乡的情感。异地通信形式新颖,很容易吸引学生。

这位班主任即给全国模范班主任、自己的老朋友——浙江省某中学的丁老师写信。很快,丁老师回了信,欣然同意两班结为友谊班。于是班主任紧锣密鼓地做准备工作。根据丁老师提供的学生名单,确定重点联系对象,布置他们给对方写信,从中挑选出几封准备在大会上宣读;布置班长、团支书二人合作给对方班集体写信。全班同学兴致盎然地给千里之外的朋友写信,发出友谊的电波。待准备就绪,班主任主持召开了以"友谊的彩虹"为题的主题班会。几位同学朗读了写给远方朋友的信:这里有自我介绍,有热情的问候;有对本校的赞颂,有对家乡的描绘;有远大志向的表白,有对新朋友的鼓励……班长宣读了给友谊班的信,表达了全班同学的心声。随即,同学们围在讲桌前,在信的落款处、在集体照的背面,郑重地签上了自己的名字。主题班会后,这封装有全班 48 颗心的信像鸿雁飞向美丽迷人的江南。

不久,每位同学都收到了对方朋友的来信,他们兴奋之情溢于言表,教室里飘荡着一股熏人欲醉的暖风。丁老师给班集体写了封长信,鼓励全班同学奋发图强、顽强拼搏,用辛勤的汗水挥写人生辉煌的一章。这又化为巨大的动力,促进班集体大步前进。自开展异地通信活动以来,班内洋溢着生机,充满了活力,形成了你追我赶不甘落后的新气象。异地通信活动改变了同学们的心态,转变了班风。

甲同学说:"异地通信友谊班活动给我增添了巨大的无形的

精神力量,使我更加努力学习,我决心以优异的成绩向远方的新朋友汇报。”乙同学说:“来自友谊班的那份真诚深厚的情谊深深地感动了我,友谊班同学间的竞争激励着我。这些使我对前途充满信心。今后一定要抓紧时间,分秒必争,努力进取,和对方的朋友共同进步。”丙同学也深有感触地说:“我们都是年轻人,有着共同的理想和志趣。正所谓‘天涯何处无知己’……我们的朋友遍天下。为了回报天下的朋友,我们只能奋斗!”“异地友班”这一活动取得了预期的效果。

本招精要

班主任可以采用异地通信等办法结成友谊班,当然也要遵循学生为主体、老师为主导的教育原则。相隔千里的朋友通信,对方是什么相貌,什么性格,什么爱好,什么家庭……这一切都是迷,青少年对未知的东西总是感兴趣的,于是异地通信友谊班活动就富有了无穷的魅力,这样的活动必为他们所喜闻乐见。异地通信,双方必定会互相问候、互相鼓励,哪一方都成为班主任开展思想教育心理疏导的得力助手,对方的几十个学生就成为这一方班主任的几十个得力助手。青少年之间互相做思想教育心理疏导工作,不是比班主任单枪匹马的力量大多了吗? 不过要注意的是,这样的办法一定要注意符合科学性和艺术性的要求。

不满是向上的车轮，能够载着不自满的人类，向人道前进。
——鲁迅

各司其职法

鲁迅说:“不满是人类不断前进的动力。”青少年更有着强烈的种种需要,这是他们成人成才的动力,班主任完全可以在满足他们的需要上多做探索,以提高教育的实效。

与其他班不同的是,初二(1)班教室黑板旁贴着一张“初二(1)班官位图”,上面清清楚楚地写着:班长尤某、副班长华某、团支书周某、学习委员顾某、生活委员沈某、体育委员丹某、宣传委员刘某、卫生委员周某、科技委员翁某、外交委员曹某、礼仪委员魏某、讲演委员高某、纪律委员郑某、作业委员卢某、竞赛委员王某、班容委员孙某、花卉委员李某、门窗委员毛某、玻璃委员魏某、楼道委员赵某、桌椅委员黎某、供电委员张某……班内事事有官位,班内男男女女几十个学生人人有官做。

一个班级就是一个小世界，是一个小世界，就会五脏俱全。有些官职，顾名即可思义；有的官职，可就是雾里看花了。学生要提高科学意识，要开展科技活动，就由科技委员负责；未来世界，国与国、人与人之间的交往进一步加强，世界将变成地球村，所以现在就需要培养学生的交往能力，而且班级对外事务，如开展班际间的球类赛、请师哥师姐来传经送宝……这就让外交委员负责；同学们要提高口头表达能力，就要开展讲演比赛，这时讲演委员就会出面；哪个季节、哪个阶段需要那种花来布置教室，就由花卉委员全权负责；门窗委员当然是负责全部门窗的保管与卫生；玻璃委员、桌椅委员、供电委员、楼道委员……他们各负其责，分别负责教室内外门窗上的所有玻璃、教室内的所以桌椅保管与维修、教室内外的照明器具与电扇、教室外楼道的卫生与秩序……这样就做到了：班务事事设官位，学生各个有官做。搞什么活动都应有一定的理论基础做指导。理论是行动的指南，这个指南就是马斯洛的需要层次论。马斯洛是美国著名的心理学家，人本主义心理学的主要代表，他对比较心理学和社会心理学有较高的造诣。第二次世界大战后，马斯洛提出了需要层次论。按产生的一般顺序，他把人的需要分为七个层次：生理需要，安全需要，爱或归属的需要，尊重需要，认识需要，美的需要，自我实现需要。前四类统属于基本需要系统，后三类统属于心理需要系统。

我们在德育工作中应借鉴这一理论，充分发挥学生的才能和潜能，满足青少年的基本需要和心理需要。根据班务情况，设置了各个官位；又根据学生的个性、特长，让他们各归其位，在各自“官位”上发挥才能和潜能，做到人尽其才，才尽其用。青少年需要获得别人的尊重，他们如果感到自己有实力、有能力、有价值、有用处，就会更加信心十足；他们希望获得他人的留心、重视、赏识、赞许、支持和拥护等等，“官位”可以满足他们的这种种要求。另外，每学期都要举办班级艺术节：能唱的尽情地唱，能跳的尽兴地跳，擅长书法的可以尽情地舞笔弄墨，擅长手工者可以尽显能工巧匠的才智……还有班级科技节等等，丰富多样的活动形式可以使青少年都拥有各自发挥的舞台。

本招精要

人活一世，都是有需要的。鲁迅说：“不满是人类不断前进的动力。”班主任们也可以说：“需要是人生活的动力。”尤其是青少年更有着强烈的种种需要，这是他们成人成才的动力。青少年的需要是多层次的，是因人因事因地而不同的。在这个心理领域中还有许多值得探索的东西，班主任完全在满足他们的需要上多做探索，以提高德育的实效。

一朵鲜花打扮不出美丽的春天，一个人先进总是单枪匹马，众人先进才能移山填海。

——雷锋

集思广益法

班级建设中最忌讳的是班主任一人唱独角戏,而广泛地听取学生的意见是明智之举。

班主任可以给全班同学布置作业:就班集体建设,每人写几条建议。收上来之后,仔细阅读、认真分析、深入思考,很可能发现不少建议很富创新精神。

例如:(1)请语文科代表介绍积累词汇的经验,请数学科代表讲解解题思路,请英语科代表传授记忆单词的窍门。(2)开展智力竞赛活动,一方面活跃班级学习气氛,一方面增强班集体的凝聚力。(3)召开“愿你有点幽默”主题班会,让班级充满笑声。(4)树立身边的学习榜样,促进同学间互相学习,在期末评选本班各科学习状元。(5)开展“我最喜爱的一本书”讲演活动，以激发同学们的阅读兴趣。(6)建立学习互助合作社，学习好的同学带动成绩差的同学。(7)利用周日的时间，全班拉到野外去搞次野炊活动，以丰富同学们的业余生活。(8)开展文娱体育活动：文娱方面举办组际棋类赛、卡拉OK赛；体育方面举办羽毛球赛、乒乓球赛、掰腕子赛。(9)成立养花小组，培育鲜花，美化教室。(10)为改变某些同学不爱说话的状况，每周评选一名"最佳沉默者"，罚其连续一周为同学们每天讲一个笑话……

这些建议涉及到班级活动的众多方面，可以说为班级建设开拓了新思路。班主任还要召开班干部会，学习这些建议，并逐项展开讨论，做好"四定"措施，即定人、定时、定书、定量。定人，由学习委员全面负责；定时、定量，规定一个月必须读至少一本课外书，规定语文课前2分钟由同学们轮流介绍自己所读的课外书；定书，即结合学校图书馆和同学们家庭藏书情况定下课外阅读参考书目。学习委员要经过深入地工作，列出书目，包括革命书籍、中国古典名著、世界各国名著……其他各项都经过热烈讨论而定下具体措施。在此基础上制定了本学期内容具体、丰富并富有新意的班级计划。

这样，全班同学很快就可以统一思路、统一步伐、明确方向，各项工作也可以有条不紊地开展起来，班内也会呈现出"团结、紧张、严肃、活泼"朝气勃勃、蒸蒸日上的气氛。

本招精要

怎样建设班集体是个极其重要的问题，而制定班级计划又是至关重要的一步。

班主任可以采用集思广益的办法，即在广泛征求、吸取学生建议的基础上制定班级计划。这样做的好处主要有：(1)可以充分发挥学生的主体作用。班级的主人是学生，学生也应发挥在班集体建设中的主体作用，以改变班主任包办代替的弊端。(2)有利于培养学生的集体主义观念。班级计划如同班级建设的蓝图，蓝图由学生自己绘制，那么他们自然会更用心地关心、爱护这个蓝图，并会尽心竭力让蓝图成为现实。(3)有利于掌握学生思想脉搏。学生的建议也就代表着学生的呼声、要求，由此班主任可以了解学生想些什么、希望得到什么，这样工作实效必会增强。(4)班级工作有的放矢，有利于克服盲目性。每天置身于班级之中的学生对班级最了解，他们对班级建设最有发言权，他们的建议往往最准确。如果班主任闭门造车，想当然地编造班级计划，班级计划就难免与班级实际相脱节。所以说，班级建设中最忌讳的是班主任一人唱独角戏，而集思广益的好处大大超过一家之言。

一个人若是没有热情，他将一事无成，而热情的基点正是责任心。

——列夫·托尔斯泰

岗位责任法

在新形势下班主任要有新的举措，借用岗位责任制的办法，可以把班务工作化整为零，让每个学生有事干，每件事有人干，可以形成同抓共管的新局面。

也许近年来许多班主任工作中都遇到过这些新问题：教室的灯，天大亮了时常无人关；教室窗户，刮风了时常无人管；教室卫生，时常被晾台……然而分析其深刻原因，却不得不谈到当今社会日新月异的变化了。

自改革开放后我国步入社会主义市场经济的轨道，社会发生了巨大的变化，随之人们的观念、思想也发生了巨大的变化。市场经济刺激了成才意识的觉醒，商品意识、竞争意识、民主意识、创新意识、效益意识、法制观念在不断增强，但是由于市场经济具有自发性、分散性、开放性，强调物质利益等特点，引起人们思维方式、消费方式、审美情趣、道德评判标准等方面发生了变化，产生了一定的负面影响，如滋生了拜金主义、享乐主义、个人主义等不良倾向，腐败作风蔓延，利己主义增强，安贫乐道、艰苦奋斗反遭到冷落甚至遗弃……而当今青少年在道德评判、思想认识、行为准则、审美情趣、理想追求、心理状况方面都具有当代青少年独具的特点。

时代在变，接受教育的对象在变，班主任们思想工作的方式方法也要随之变化，因而再用动员大家做好事、表扬好人好事的老办法，恐怕难以彻底解决问题。那么到底找哪一把钥匙才能打开这把锁呢？某班主任从报纸上看到企业深化岗位责任制的文章，不禁想到，何不借用企业管理的手段呢？于是召开班干部会讨论，并指导班干部确定具体的岗位，岗位分得很细致：教室里的灯、楼道里的灯、教室里的窗户、楼道里的窗户、教室里的玻璃、楼道窗户上的玻璃、课桌、坐椅、窗帘……甚至做卫生用的水桶都有专人负责，一共分了大大小小 42 项任务；然后确定由班长负责全面检查监督评比的工作，并制定了评比方法。接着班主任便向全班同学公布实行岗位责任制的决定，讲明了岗位责任制的意义、方法与检查监督评比的具体措施，并做了具体分工、责任到人；最后要求当天上岗，突击完成任务，奠定好基础。由于思想明确、任务具体、分工合理，所以仅用 20 分钟就把教室打扫得干干净净，教室重又焕然一新。以后，那种只管个人门前雪、不管集体瓦上霜的情况得以彻底改观。

本招精要

根据新形势、新对象、新特点，经过深入思考分析，借用岗位责任制，班主任可以把班务工作化整为零，分配给每个人，让每个学生有事干，每件事有人干，形成同抓共管的新局面。班主任在新形势下对待班务工作必须与时俱进，有必要采取新的举措，而不能墨守成规，一味走老路了。

大其心，容天下之物；虚其心，受天下之善；平其心，论天下之事；潜其心，观天下之理；定其心，应天下之变。

——吕坤

设谎化解法

在班主任的工作中，有时谎话也可以作为一种应变策略和方法，但这谎要说得巧，说得适度、适量、适时、适人，以免弄巧成拙。

比如，某班主任近日遇到了一件棘手的事：为了班级工作中的一件小事，班长与团支书针尖对麦芒吵了起来，互不相让，事后谁也不理谁。事情已经过去了半个月，两人还是一副老死不相往来的阵势。即使一般同学不团结，班主任们也不应放过，何况是班长和团支书呢！矛盾必须解决，现在已经影响了工作，长此以往局面将不堪收拾。可是班主任与班长谈话，班长一肚子火；班主任找团支书谈话，团支书一肚子委屈。谁也不相让，公说公有理，婆说婆有理，非要闹个天翻地覆不可。班主任焦头烂额，束手无策。怎么办呢？

碰巧这天，班主任翻阅教育心理学和德育原理方面的书籍，突然想到：为什么总是直来直去呢？用狠劲不如用巧劲，直道不通绕个弯。又分析：其实二人过去没有矛盾，就这件事看也不是什么大事；二人的症结在一口气，谁都充好汉，宁折不弯。只要一方退让，矛盾立即就会化解。

于是班主任悄悄地叫出团支书对他说：“昨天放学后，班长找到班主任说他自己很后悔，承认误解了你。现在是骑马难下，只好硬挺着。”团支书说：“其实也不全怪他。如果当时心平气和地好好解释解释，也不至于此。”后来，班主任又找到班长，悄悄地对他说：“刚才团支书找到我，说实在对不起你。如果当时心平气和地思考思考，把原委摆出来，你们两人就不会产生矛盾。”班长说：“其实主要责任在我，我不应该刺伤人家的心。我们俩过去工作上配合得相当默契。为这鸡毛蒜皮小事吵架实在不值得。”班主任见二人都在进行自我批评，知道事情有了转机。班主任趁机又批评了班长，指出他确实应该负主要责任。这时的班长只是点头称是了。“解铃还需系铃人。怎么解开这个疙瘩呢？”班主任故意顿了顿，才接着说：“半个月针锋相对，未说过一句话，现在抹不开脸是不是？”班长不好意思地笑了笑。“这样吧，待会儿咱们要开个全体班团干部会，你去通知团支书，这样就递上话了。”班长高兴地连声说“好”、“好”、“好”，就下去通知了。过了一会儿，就见班长和团支书肩并着肩，边说边笑地向这里走来，两人终于“雨过天晴”了。

本招精要

班主任工作千头万绪，不会总是一马平川，难免会遇到难题；不会总是晴空万里，难免会遇到满天乌云。不过有的时候，巧妙地说点“谎话”，会起到意想不到的效果。比如，有时为了缓和学生与家长的矛盾，有时为了解决同学间的矛盾，有时为了促进师生间的感情，或是削弱师生间的某些矛盾……班主任不妨说点谎话。这里的“说谎”不等于包庇、纵容，也不是瞒天过海，更不是尔虞我诈，而是一种应变、一种策略、一种方法，目的是巧妙而彻底地解决矛盾。当然，这谎要说得巧，说得适度、适量、适时、适人，不能有漏洞，否则，就会弄巧成拙了。

即使是最好的儿童，如果生活在组织不好的集体里，也会很快变成一群小野兽。

——马卡连柯

扭转劣势法

偶发事件不可避免，问题在于发生后班主任必须冷静，想尽办法扭转劣势。成功者不是没有劣势，而是他们具有百折不挠的精神，具有东山再起的毅力。

一个偶然突发事件，让原本稳操胜券的优秀班集体称号变得渺茫。在这个时候，作为班主任，应该怎么办？怎样扭转劣势？怎样恢复士气呢？

新年即将来临，高三某班却发生了一件震动全校的大事：邵同学、李同学、张同学对高一某班的一个同学大打出手，将其从一楼撵到四楼，用汽水瓶子把人家砸得头破血流，后来这位被打同学在医院头部缝了七针。看人家不顺眼，找茬大骂，举手便打，事出无因；三个打一个，以众欺寡；高三大哥哥殴打高一小弟弟,以强凌弱,在校内造成极坏的影响。本来在全体同学的努力下,该班各项工作名列前茅,全校师生对该班赞不绝口,获得优秀班集体称号是稳操胜券,可如今突如其来的恶性事件一下子毁了大好形势。班主任心乱如麻,全班情绪低落,大家都说没有脸开新年联欢会。班主任看到这"黑云压城城欲摧"的态势觉得不对劲,这可是中学阶段最后一个新年联欢会啊!冷冷清清,灭火熄灶,必定会士气不振,势必影响班集体建设,影响同学们身心发展。如果将坏事变好事,促当事者自责自省,由遇事不顾集体名声转变为竭尽全力为集体争荣誉,促进全班进一步增强集体荣誉感,焕发更大劲头,岂不是万全之策?

一天班主任有意心情沉重地向全班宣布该班不再举办新年联欢会,教室里顿时鸦雀无声,掉根针也会听得清清楚楚,而当事的三个人低着头,一副负罪受审的模样。果然,不出所料,放学后三个人来到班主任的办公室,心情沉重地说:"我们班是个生龙活虎的班级,现在因为我们变得如此冷清。同学老师都觉得脸面无光,竟然无心举办新年联欢会,我们心里更难受了。老师,您千万别灰心。我们一定痛改前非,请您组织全班开好新年联欢会。否则,我们一辈子也抬不起头。"班主任听到这发自肺腑的表白,知道预期效果已经产生。班主任答应他们再重新考虑,他们心事重重地离开了办公室。第二天一早,一向开朗乐观的某同学送来一封信。信中写道:"敬爱的韩老师,试想今年最后那一天,其他班都张灯结彩、喜气洋洋,唯有我们班没有灯火,没有笑声,那将是多么难堪的情景。开好新年联欢会有利于重新振作我班士气,打一场反败为胜的漂亮仗。"该同学还深情地写道："请您相信，今天几个学生让您脸面无光；以后我们会让您笑逐颜开，您会为拥有我们这样的学生而自豪！"班主任明白这封信代表了全班同学的心。

班主任看到劣势转化的火候已到，于是开始进行下一步工作。先是宣读了这封信，然后由那三个同学表示了态度，最后班主任郑重宣布：不仅要开新年联欢会，而且必须开好。为此班主任要求全班做一次彻底大扫除，以扫掉晦气，迎来喜气。班主任还布置了一项作业，要求每人根据这场风波拟一副对联，做为新年联欢会的第一项内容。结果，哪一次大扫除都不像这次彻底，都不像这次全员上阵尽心尽力。新年联欢会上献对联活动也十分成功。在联欢期间，班长、团支书带领那三个同学到高一某班赔礼道歉，并送去几个小节目。新年联欢会结束了，这个班又重新起航前进。

本招精要

偶发事件不可避免，问题在于发生后不能怨天尤人、灰心丧气、一蹶不振。作为班主任，此时必须冷静，想尽办法扭转劣势，把坏事变成好事。成功者不是没有遇到失败，没有劣势，而是他们具有百折不挠的精神，具有东山再起的毅力。

天下柔弱，莫过于水，而攻坚强者莫之能胜，以其无以易之耶。
——老子

化解辞职法

在工作中遇到学生顶牛顶撞时，班主任一定要冷静，千万不要意气用事，这个时候，以柔克刚，以温情打动学生的效果往往更佳。

一天，某班主任回到办公室看见桌上有一封信。拆开一看，"辞职信"三个字那么刺眼。信中写道："吴老师，今天我郑重地向您提出辞职，因为我不称职。我想同学们并没有把我当作班干部。作为一个学习委员，连三好生都评不上，难道说称职吗？您必须答应我辞职，不要对我讲些不该辞职的话。这样的结果我接受不了，我甘心退出。现在，我只求您为我做这件事。"署名是李明。

前一天，按学校要求评选三好生，而学习委员李明落选。应该说他是个好学生，品德好，学习成绩在班内名列前茅，在如何搞好全班学习上也尽职尽责。他最大的缺点是有点傲气，而骄傲最容易脱离群众，这次落选也在情理之中。他本应吸取教训，谁知他却闹起了情绪，公开在班内砸桌子摔板凳的。班主任耐心地劝导他正确认识评选三好生，好话说了一箩筐，结果他却递上了辞职信。

班主任又叫来李明的知心好友去规劝他，不但没奏效，反而收到他措辞更激烈的一封信，没想到他这么固执。班主任决定把这件事做个冷处理，过几天再说。几天后班主任请来李明，他阴沉着脸，班主任逗他说："什么时候雨过天晴啊？"接着说："你身居要职却未选上三好生，换了我，我也要辞职。"他一愣，抬头看看班主任。班主任恳切地说："你是个上进的学生，热心为大家服务。辞职后无官一身轻，你心里会好受吗？你的辞职信昨天晚上我又看了两遍，上面有几处墨水浸了，那不是你的泪水吗？你从内心不愿辞职，不愿放弃为同学们服务的机会，我说得对吗？只不过这口气不好咽。"李明轻轻地点了点头。

班主任见软话打动了他，于是又讲如何正确对待荣誉、对待自身缺点、对待挫折，不要做弱者，不应企求别人的同情要自强的道理。这番话打动了他的心。结果李明表示回家后好好思考思考，争取在班内重新塑造自己的形象。第二天一早，他取回了辞职信。

本招精要

当出现某班干部没有评上三好生等情况时，班主任应当设身处地地给他讲道理，深入地分析他的心理，触动他的心灵，那样一切都将迎刃而解。这里面有班主任的职业道德问题，更有工作艺术性的问题。在工作中遇到学生顶牛顶撞时，班主任一定要冷静，千万不要意气用事，更不能采用“以眼还眼，以牙还牙”的方法。请注意，这个时候，以柔克刚，以温情打动学生的效果往往更佳。

教之而不受，虽强告之无益。譬之以水投石，必不纳也，今夫石田虽水润沃，其干可立待者，以其不纳故也。

——张载

突发应变法

在偶发事件面前，班主任要不惊不乱，应该开动脑筋，转移矛盾，借题发挥，机智地避免冲突，巧妙地应对令人尴尬的局面，从而开创新的局面。

初二(3)班是全校闻名的乱班：课间你追我撵，你喊我叫，人仰马翻，桌子倒椅子歪，乱得像马蜂窝；课上淘气鬼时不时闹个恶作剧，不是这个女同学的辫子被系在椅子背儿上，就是那个女同学被毛毛虫吓得哇哇叫。任课老师硬着头皮来，带着满肚子气去。几位老师被气得相继辞去班主任。这回学校领导调来一位老将班主任接手这个乱班。

上课铃响后，与以往不同的是教室里很快就静了下来，几十双眼睛好奇地注视着早站在门口的新一任班主任。这位班主任慢慢地走向讲台，心里不免有些紧张。忽然不知为什么，脚下一滑，摔了个仰八叉。“哈，哈，哈……”几个学生首先大笑起来，不少学生也随声附和。班主任低头仔细一看，原来地下有块西瓜皮，显然这是个陷阱。班主任不禁气撞心头，想大声呵斥，但随即又想：大发雷霆暴跳如雷恐怕正中淘气鬼的下怀，以后这壶醋可就难喝了。对待这样的乱班，第一节班会、第一次亮相，关系到日后教育的成败。可是怎样下台呢？班主任灵机一动，计上心来。于是慢慢地站起来，慢慢地走到讲台旁，语重心长地说：“同学们，这就是我给你们上的第一课：一个人可以摔倒，但他仍然可以再站起来！”那笑声早已消逝，教室里出奇地静。

顿了顿，班主任又借题发挥说：“在人生道路上，不会没有崎岖，跌倒在所难免。跌倒并不意味着失败。从哪里跌倒，就从哪里站起来，勇敢地走下去，就会获得成功。”在动情的话语中，全班鸦雀无声，接着是一阵热烈而持久的掌声。那几个搞恶作剧的淘气鬼也不好意思地鼓起了掌。班主任知道自己的一席话打开了学生的心扉，班主任看到了班级的希望，也倍感欣慰地笑了。经过反复努力，这个班旧貌变新颜，终于甩掉了乱班的帽子。

偶发事件是指在没有思想准备时而发生的出乎意料的往往令人难以应付的事情。人们在生活中、工作中难免遇到偶发事件，特别是面对下属的领导者、面对观众的表演者、直面对手的外交家……都常常会遇到一时难以想出良好对策的偶发事件。处理得好，使人绝处逢生、转败为胜，甚至会激发人的聪明才智。

本招精要

青少年活泼好动聪明敏捷，他们不时制造的偶发事件有的可能会让人束手无策，这就需要班主任们提高教育素养，掌握教育机智。苏霍姆林斯基曾疾呼：“提高教育技巧——这首先是要自己进修，付出个人的努力，来提高劳动的素养。”在偶发事件面前，班主任要控制自己的情绪，让情绪活动听从理智和意志的约束。并且班主任不宜以硬碰硬，不是借助师道尊严，而应该开动脑筋，转移矛盾，借题发挥，机智地避免冲突，巧妙地应对令人尴尬的局面，转败为胜，从而开创新的局面。处理偶发事件确非轻而易举，需要班主任们讲求工作方法，运用艺术手段。

教育植根于爱。

——鲁迅

信件征询法

班主任布置学生假期间给班主任写信，可以征求同学们对班级工作的意见与建议，也是假期里师生之间交流感情的桥梁，还可以增强班集体的凝聚力，可谓一箭多雕。

开学初，百事待办，而班主任分外忙：忙着备课，忙着了解学生的暑期情况，忙着制订工作计划……某班主任却坐在办公桌旁读信，身不由己地时而深思，时而微笑；时而点头，时而摇头；时而阅读，时而在笔记本上记点什么……原来是这位班主任针对寒暑假教育学生的一招，因为考虑到寒暑假都不算短，平时学习紧张，一旦放假，学生很容易彻头彻尾地休息，甚至连假期作业大多都是敷衍应付，这样两个假期之间就形成了一片空白，开学后又要重整旗鼓，实际上这是一种浪费。为了监督、激励同学，更为了班级建设不掉链子，使之链链相扣，所以每次放假之前，班主任都要给同学们布置一项独特的任务——假期间每人给班主任写一封信。信的主要内容是针对如何开展班级工作提意见与建议。这样开学初，班主任就可以精心阅读学生的假期来信，从中找思路、找方法，以便制定更有意义的工作计划。这招甚至可以调动调皮生都来献计献策。

其实，班主任有许多特权，不管出于什么原因，大多数学生对班主任是敬畏的。假期间给班主任写封信这份特殊的额外的作业，学生还是会完成的。通过信件，班主任要征求同学们对班级工作的意见与建议，这样信件就成为了假期里师生之间交流感情的桥梁。大家献计献策，实际上也付出了感情；由此也培养了集体主义精神，增强了班集体的凝聚力。这真的可以说是一箭多雕了。再说，班主任的班级工作计划充分吸取了同学们的建议与意见，其实是班集体共同撰写的，他们执行起来不是更认真了吗？

本招精要

假期间布置学生给班主任写信，以征询同学们的建议与意见，这个办法的好处有：第一，充分体现班级建设中，老师是主导、学生是主体的工作原则，这样有利于在实际工作中充分发挥学生的主体作用；第二，这是尊重学生的具体表现。班级计划，师生共同制订，尊重学生的要求。这样有利于发扬民主，而且可以调动同学们的积极性；第三，在工作前广泛地征询群众的意见与建议，这样工作有预见性，就不会总是被动，而是处处主动了。

劳动受人推崇。为社会服务是很受人赞赏的道德理想。

——杜威

搞“效率周”法

把教育内容具体化，化大为小、化抽象为具体，这也是一种工作方法。这样不仅可以增强有关教育工作的可操作性和针对性，还可以提高工作效率。

一天，某班主任在花园小径漫步，边走边想着：把学生培养成人是一个工程，从一定角度讲，这也是一个浩大的工程。它包括德、智、体、美、劳诸多方面，而其中的哪一方面都有极其丰富的内容。是的，这个浩大的工程绝不会一蹴而就的，也不宜搞临时突击，应该让这个工程具体化，可以开展“效率周”活动，这样不仅可以增强有关教育工作的可操作性和针对性，还可以提高工作效率。于是决定拟定一个把大化小、以小寓大的“效率周”活动计划。

经过一番准备,活动计划的各事项基本确定了。活动计划的主要内容——时间:一周;对象:本班全体同学;内容与形式:以小组为单位展开竞赛。竞赛的内容具体来讲,德育方面做到:(1)不迟到;(2)值日卫生全勤,学校检查要保证得百分;(3)每人为班级做一件好事,每组为全校同学做一件好事。智育方面做到:(1)按时按质按量完成作业;(2)保证晨读时间读外语,以提高外语水平。体育方面做到:(1)每人每天晨跑一千米;(2)做操时认真专注,决不敷衍。劳动方面:走读同学家务劳动每天不少于半小时。班里成立以班长为首的“效率周”活动领导小组,全面负责组织、检查、评比工作,最后公布小组竞赛成绩。

以上诸项内容看似平淡无奇,其实真正要想做到、做好也不是轻而易举的。就拿“不迟到”这个微乎其微的小事来讲,“不迟到”本来是个最基本的要求,可是如今要求每个同学都不迟到确实很难做到。有的学生就是不讲时间效率:别人已经安安稳稳地坐好或是正上早自习,或是正上晚自习,他却用力打开教室门扬长而入,于是平静的湖面像是投入了一块石头。这样的同学视迟到为小节,天马行空,满不在乎。过去,老师多次批评,不管事;记录在册,依然如故。现在有意识地把这件小事纳入效率周组际竞赛内容之一,让小组发挥监督、教育作用,应该是触动根本的方法。

再如,在体育方面要求每人做到晨跑一千米,以提高身体素质,这样的要求、这样的道理,以前也多次讲过,结果只能是三天的热度。现在也纳入“效率周”组际竞赛内容之中,发挥小组的约束作用,应该说也是从根本上解决问题……“效率周”活动计划确定后立即开展活动。这位班主任组织的“效率周”这项活动后来得到了该校领导的肯定。

本招精要

德、智、体、美、劳内容十分丰富，一下子全端出来，学生难以做到。班主任如果把它们具体化，把它们分解开，某段时间内提出某些具体要求，学生就容易做到。待打下基础，然后扩展战果。一步一个台阶，台阶走得多了，就可以登上新的高度了。其中，化大为小、化抽象为具体，这也是一种工作方法。

竞争是一种由善人感觉到的好的感情，而嫉妒则是由恶人感觉到的坏的感情。

——亚里士多德

别样之最法

青少年血气方刚、争强好胜，在班主任工作中，千万不要忘了激励机制，注意适当考虑青少年的心理需求。

一日，某班教室不时传出一阵阵热烈的掌声，只听班长有板有眼地说："第一项，荣获'意志最强者'称号的是陈晓辉同学。"掌声响起。"第二项，荣获'学习最刻苦'称号的是王晶同学。"掌声震耳。"第三项，荣获'热爱班集体最突出'称号的是李扬同学。"掌声热烈而持久。

班主任坐在教室后面，看到这火暴的场面，心情久久不能平静，想起这个班刚组建的时候，形同一盘散沙，你打你的锣，我吹我的号，没有团结奋斗的氛围。班主任在工作实践中注意引导学生向英雄模范、科学家、文学家这类杰出人物学习，让学生心中有丰碑,行动有楷模,心灵有航向。不过此时还不算是对症的良药,应该降格以求,最后决定采用评选“全班之最”的活动,引导学生争做集体最优秀的一分子,树立团结奋斗的好班风。整个学期以这个活动为中心来建设班集体,在整个活动中以学生为主体。

活动目标一定,班主任就布置班干部组织全班同学大讨论,确定“全班之最”的具体内容。其实,具体内容就是对同学的具体要求。这些要求如果变成班主任的条条框框,变成班主任天天念的经文,那效果肯定要大打折扣。

经广泛而深入的讨论,定下以下内容:(1)意志最强者;(2)学习最刻苦者;(3)热爱班集体最突出者;(4)对班级工作最负责的班干部(团干部);(5)对小组工作最负责的组长;(6)工作最出色的科代表;(7)遵守《中学生日常行为规范》最突出的同学;(8)卫生值日做的最彻底的小组;(9)热心帮助他人最突出的同学;(10)对赢得班级荣誉贡献最大的同学……期中班主任布置班干部组织全班做了初评,期末进行终评,在小组讨论的基础上,进行投票选举。然后宣布投票选举的结果。评选结果还要用红纸写出来,悬挂在教室内,并且要作为评选三好学生、优秀学生干部的重要参考依据。

通过一个学期的实践,证明开展评选“全班之最”的活动是行之有效的,是能得到全班同学支持的。它激发了学生的积极性,利于激励同学间展开竞赛,利于树立正气,最终达到了预期效果——促进了班集体建设。

评选“全班之最”,就是在同学间确定、树立榜样,即“范例”。“范例”近在咫尺。这样，大家时时、处处、事事可以看到“范例”的身影，可以感受到“范例”的力量。于是自然不自然、自觉不自觉地就学到了许多催人上进的东西。

17 世纪捷克教育家夸美纽斯曾经指出：“只用一种命令和教训所施行的教育，而不以范例来证实，则教育所具有的力量非常薄弱。什么是好的和什么是坏的，任何语言的解释，都不能像周围的人们行为所给予的概念来得明确。”班主任可以设计并实施类似评选“全班之最”的活动，也是给班级引进激励机制的一种具体举措。一个集体若缺乏激励机制，必然缺乏活力。一个人的优点如果被集体肯定，为同伴承认，他自然就要巩固、发扬这个优点，更上一层楼；某个优点如果被集体所肯定，为全体成员所承认，那么这个优点自然就会成为大家追求的目标。青少年血气方刚、争强好胜，班主任如果能巧妙结合青少年的心理需求，善用激励机制，教育的效果必将更好。

让每一个学生在学校里抬起头来走路。

——苏霍姆林斯基

促进互助法

班主任应该具有敏锐的观察力，要善于捕捉蛛丝马迹，善于发现问题、巧妙地解决问题，并注意着力培养团结互助这种优秀品质，让每个青少年的心灵布满真、善、美的阳光。

比如，在一个万象更新百花争艳的春天，有位班主任伏案读着学生的周记，思绪的小舟游弋于情感的激流之中。可是有一个入学时成绩最低的女孩子的周记却深深地刺痛了班主任的心。她在周记中写道："我的化学、物理有很多题不会做，怎么办？问同学吧，最方便的莫过于向同桌请教。可是我还没开口问她题，她的脸就拉得老长。父母初中未毕业，邻居也没个上过高中的，难啊！算了，甭管人家态度如何，只要题会了就行！我鼓足了勇气喊了她的名字。好半天，她才抬起头。我指指题，她皱着眉头，只轻轻一瞥，就抛过来冷冰冰的两个字——‘不会’。当时真叫我无地自容。去问其他同学吧，又怕再碰钉子……”

读罢，班主任不禁陷入了沉思。她本来就很自卑，学习基础差，偏偏又遇到这么一个冷淡的同桌，恐怕更难从困境中自拔了。是船破偏遇顶头风，这真是个难于解决的问题。给她调换个座位吧，可这是个治标不治本的缓兵之计，这样躲避矛盾不等于解决了问题。而且，学生中这种或明或暗的自私的行为将再次被遮掩住；如果得过且过故作糊涂，这又是对学生极其不负责任。再说，问题虽然表现在两个同学之间，但这绝不是孤立的偶然的现象。

近来，社会上无私奉献、乐于助人的雷锋精神淡薄了，唯利是图、自私自利的风气有所抬头，这不会不波及到青少年学生，这绝不是个小问题。同学之间团结互助，不仅是《中学生日常行为规范》的要求，而且也是美好心灵的一个重要标志。苏霍姆林斯基说过：“正确处理亲人、朋友和同志这一小范围之内的纯属个人与个人之间的关系，是每个孩子必上的人道主义精神的第一课，让孩子从童年和少年时起就对别人多尽一些义务，是十分重要的。”

班主任有责任对青少年进行集体主义教育，教育学生尊重他人、理解他人、体谅他人，并要积极主动地帮助他人，于是班主任决定来个“小题大做”。这“小题大做”说起来容易，但做起来却并非轻而易举。

经过一番精心设计、潜心思索之后，一天，班主任把她的苦恼编成了一个小故事，讲给全班同学听。不过，班主任故意改名换姓变了地点和单位，明明班里存在自私自利不愿助人的问题，班主任却故作糊涂地说："这是发生在外地某所中学的事。我们全班同学团结友爱，每个同学都愿为他人的进步奉献力量。为了不让这种冷落同学的现象在我班出现，下面让我再来读一首诗——《搀扶》。"

同学们津津有味地洗耳恭听，"你的脚陷进泥淖，搀你一把就会走上来；我的身体失去平衡，扶我一把就会站稳。生活中，你我需要搀扶！//搀扶，一种心灵的抚慰，一种友谊的闪烁，有时就这么平易的举动，就能帮你摆脱困境的苦恼，能为我绽开信心的花蕾。//无需躲避直率的目光，这是发自心灵的呼唤。搀扶的力量在你我之间架起了桥梁，还惧怕什么山川沟壑？//来，伸出你的手吧，伸出我的手吧，让我们用心紧紧相握，共同搀扶着跋涉人生……"

这首诗，字字珠玑；这首诗，意味深长。班主任看见她的同桌低下头在思考，班主任看见她的眉头舒展了……于是班主任不由得笑了。之后第二周，在班干部的组织下，全班同学自由组合成立了16个学习互助小组。她的同桌主动找到她结成对子。打那以后，课间、放学后，经常可以看到同学们三三两两在热烈地讨论问题。同学们互相帮助，团结友爱。在她的同桌的帮助下，期末考试，她的成绩有了大幅度的提高，各科平均分由61分提高到75分。为了表示感谢，她送给她的同桌一个精美的日记簿，在扉页上写下这样一行隽秀的字："愿友谊的长虹更加绚烂，愿友谊的金桥日益坚固。"她笑了，她的同桌笑了，笑得那样甜。班主任也笑了，班主任从内心感到扑人的春风实在迷人。

本招精要

班主任应该具有敏锐的观察力，要善于捕捉蛛丝马迹，善于发现问题、巧妙地解决问题，让每个青少年的心灵布满真、善、美的阳光，让团结互助之树扎根、茁壮成长，参天蔽日，巍然耸立，日益苍翠。团结互助是青少年应该具备的优秀品质之一，班主任要着力培养这种优秀品质。发现有碍团结的现象，万万不可放过。

教师的职务是「千教万教，教人求真」；学生的职务是「千学万学，学做真人」。

——陶行知

模拟长征法

长征精神是中华民族宝贵的精神财富，一代代应该继承发扬。模拟长征活动可以给学生留下难以磨灭的印象，效果一定会很好。

某班地处新兴城区，城市建设速度快，近年间围绕城区新修了东、西、南、北四条通衢大道，总长足有50里。50里等于两万五千米，长征是两万五千里，量不同而数字相同。这个情况给了某班主任做工作的一个灵感：他准备开展两万五千米模拟长征活动，一是可以借机开展革命传统教育，激励同学继承并发扬革命前辈万里长征的革命精神；二是徒步走50里路，对当今青年学生是难得的意志磨炼；三是同学们可以亲眼观看家乡的巨变，有利于培养热爱家乡的感情；四是在集体活动中，同学们团结互助，从而可以激发集体主义精神。此外，模拟长征还可以诱导同学们与攻克科学文化难关相联系，思想教育更形象，更容易为学生所接受。

于是组织准备工作便开始了。同学们听说班级利用周日徒步拉练开展模拟长征活动并搞野炊，一下子来了兴致。甲同学提议：不分什么什么小组，而是像红军那样分成几个方面军。班主任采纳了他的意见，把全班同学分为五个方面军，各自又选出军长、政委、后勤部长。一切准备就绪，周日一大早，班主任一声令下，各路军马浩浩荡荡踏上“长征”征途。走了不到 10 里地，乙同学的脚上就磨出了几个大水泡。班主任劝她坐随队前行的三轮车，她摇摇头，坚持走下去。走 20 里地后，三分之一同学的脚上磨出了泡，但没有一个喊疼的。中午休息搞野炊，大家兴致更高。有的挖土灶，有的垒炉子，有的劈木柴，有的捋起袖子掌勺做菜——人人大显身手。过去饭来张口的“小姐少爷们”，一个个都成了大厨师。第一方面军人人献艺，炒了 10 个菜；第二方面军熬出了香喷喷的鱼汤；第三方面军搞的是烧、烤、涮一条龙……真是八仙过海，各显其能。

看到这些，班主任兴奋得并不拢嘴。这个周日过得充实，全班同学情绪高昂，经了风雨，见了世面。最后总结时，班主任激动地对同学们说：“昨天，红军走两万五千里；今天，我们走两万五千米；明天，我们也要走两万五千里。昨天，红军过草地、爬雪山、飞夺泸定桥；明天，我们在人生道路上也会斩关夺隘。今天，我们两万五千米模拟长征成功了；明天，人生道路上的长征也一定会成功。即将到来的测试仿佛是长征路上的一座雪山，我们要发扬革命传统，把红旗插上峰顶！”这次模拟长征活动给同学们留下了深刻的印象。他们每个人都将记住这次模拟长征活动，记住这次战胜自我的历程。

是的，人生就是一次长征。征程中有困难重重、险阻处处，但是只要我们想想先辈的长征以及不朽的长征精神，我们就会矢志不渝地开拓光辉人生路。

本招精要

模拟长征活动可以给学生留下难以磨灭的印象，这个思想活动方式是值得借鉴的。长征精神是中华民族宝贵的精神财富，一代代应该继承发扬。班主任可以把一个较长的学段（如初中三年、高中三年）形象化为两万五千里长征，也可以把一个个关键时期（如升学考试、毕业考试）形象化为草地、雪山、泸定桥等雄关险隘，联系长征中的英雄人物，开展“学习有险阻，苦战能过关”的形象化教育，效果一定会很好。

千丈之堤，以蝼蚁之穴溃；百尺之室，以突隙之烟焚。

——韩非子

防微杜渐法

班主任工作要注意防微杜渐，抓好“这一次”，才有抓好万次的可能，走好这一步，才有走好万里的可能。德育工作扎扎实实地开展。

某班的值日每天都尽职尽责、一丝不苟，教室内外打扫得一尘不染，卫生区打扫得干干净净。轮上值日的同学到校早，待同学们陆续到校时，卫生已经做完了；轮上值日的同学放学走的晚，不论学校班级有事多晚放学，他们也要干净彻底地做完值日。考试期间，有的班级借口要复习功课参加考试而一连几天不做值日，以致教室里垃圾遍地让人难以下脚；可是在这个班却与平时一个样，地上没有一片纸屑。难怪卫生流动红旗固定在这个班，再也流动不起来了。班主任为学生而骄傲，学生为班级而骄傲。

冬天，课间操改为跑步，体卫组老师要求各班5分钟之内在操场整好队，要做到快、静、齐。快，即动作迅速，不得迟到；静，即在操场大集合时不得说笑打斗；齐，即参加跑操的人齐，没有旷操者。冬天天气严寒，一旦遇到阴天，北风呼啸更是凛冽刺骨。其他班总有些学生借口腿疼、肚子痛而不参加跑步，甚至有的干脆躲在教室里不出来。即便参加了，不少同学跑个一圈半圈就溜掉了；体卫组老师要求跑三圈，可不少班级跑完两圈就放了羊。当然这里有组织不得当的问题，但学生怕苦怕冷怕累是根本。唯有这个班在长达两个月的集体跑步中做到了快、静、齐，做到了天天跑完全程。

这个班引起全校师生的关注，被评为三好班集体。形成良好的班风，关键在抓住、抓狠、抓牢、抓好"这一次"。每学期的"这一次"、每月的"这一次"、每周的"这一次"、每回的"这一次"、每件事的"这一次"……毫不放松，泰山压顶也不动。大抓狠抓"这一次"、"每一次"，是做好德育的基础工作。

本招精要

这个"防微杜渐"的方法看似平淡无奇，但是百尺高楼不是一块砖一块瓦砌起来的吗？思想的"大堤"不是若干个"这一次"积累起来的吗？"这一次"是万次之始，这一步是万里之始。班主任要做好班级工作，也是抓好"这一次"，才有抓好万次的可能;走好这一步,才有走好万里的可能。防微杜渐法深含哲理,班主任们抓好"这一次",抓好"那一次",德育工作才会扎扎实实地开展,德育工作的实效也自然会显著。

没有自我教育就没有真正的教育。这样一个信念在我们的教师集体的创造性劳动中起着重大的作用。

——苏霍姆林斯基

假期导向法

班主任可以通过图表掌握学生的假期情况，可起到宏观管理的作用，而且自测自评有利于教会学生学会自我检测、自我管理的能力。

某班主任通过学生自测自评以指导其假期生活的办法就挺好。因为在一年中，暑假近两个月，寒假一个月有余，假期间学生的情况如何？班主任无从了解，出现教育空白区，对工作十分不利。于是有必要设计“假期生活学生自测表”。这表列有 10 项自测内容(每项内容完成情况自定 A、B、C 三个等级)：(1)时间观念。A、时间观念强，每天坚持学习不少于 3 小时；B、时间观念较强，每天坚持学习 1 小时以上，而不足 3 小时；C、时间观念不强，每天学习时间不足 1 小时。(2) 学习态度。A、始终刻苦认真，能保质保量完成任务；B、情况一般；C、学习不专心、不刻苦，未完成任务。(3) 娱乐活动。A、内容健康，有益于心智，并且能自我节制；B、内容健康，有益于心智，但有时不能节制；C、内容欠健康或无益于心智，或者毫无节制。(4) 尊老爱幼。A、尊重长辈的意见与教导，主动照顾老人和孩子；B、表现一般；C、不尊重老人，不听从长辈的意见与教导，唯我独尊。(5) 勤俭节约。A、生活始终节俭，不摆阔气，不乱花钱，不向父母提过分的物质要求；B、生活不大节俭，爱花零钱，讲究吃穿，经教育后有改正；C、生活不知节俭，花钱大手大脚，追求物质享受，而且屡教不改。(6) 阅读情况。A、不看黄色、迷信、低级下流的书刊影视，坚持阅读健康书刊，观赏健康影视；B、偶尔看低级下流的书刊影视，或者不能坚持阅读健康书刊，观赏健康影视；C、经常看低级下流的书刊影视，或者根本不阅读健康书刊，不观赏健康影视。下面还有四项，分别是家务劳动、体育锻炼、奉献精神、遵纪守法，也各分 A、B、C 三个等级。

具体操作方法是：这个"自测表"十项内容满分为 100 分，各项分别为 10 分。A 等为 8～10 分；B 等为 4～7 分；C 等在 3 分及以下。每学期结业式后发下去，要求开学第一天交上来。这个表完全由学生自己填，自己定等级、定分数。开学后班主任要进行讲评，并从中找出最优秀的树为典型。还可以和评优工作挂钩，凡是在 80 分以下者，一律不得评为"三好学生"。

这里特别要强调的是，自测自评是个反思过程，班主任要相信学生，让学生自主完成。这"自测表"还要求家长签字。在开家长会时，了解学生在假期的表现也是家长会的主要内容之一。当然，要完全科学准确也不大可能，有的地方只能采取模糊的方法。其实，填表在其次，分数更在其次，重要的是把《中学生日常行为规范》的内容与假期的活动相结合，以形成一种约束，产生一种导向作用。学生一看这个表，就知道应该如何度过假期，让假期更充实更丰富更多彩，并提醒他们要进行自我检测、自我监督和自我评价。总之，只要能起到导向作用，这个设计就算大功告成了。

本招精要

假期管理难度很大，班主任往往容易忽视这一项工作，认为学生放假回家的教育就是家长的任务了，与己无关。其实，学生因放假而暂时回家还是班主任的学生。如果班主任放弃假期的教育工作，学生沾染了不良习惯，最后还得班主任老师们去帮助他们克服。但是掌握假期情况又绝非轻而易举，如果班主任将各项要求归在一张“自测表”上，可以起到宏观管理的作用，而且这样的自测自评体现了对学生的尊重，有利于发挥他们的主体作用，有利于教会学生学会自我管理、自我检测，而这正是时代所需要的，也是在优胜劣汰竞争中取胜的不可或缺的资本。

意志引人入坦途，悲伤陷人于迷津。

——埃·斯宾塞

象征长跑法

传统项目完全可以今用,但一定要创新。须知,创新是德育工作的灵魂,也是德育工作的法宝。多年来,很多单位都举办过象征长跑活动,而有的班主任在所带的班级的类似活动中却注入了更多的感情色彩,更富有艺术性,更受参与者欢迎。

例如,在天津某中学某班主任的精心策划下,其所带的高一(5)班与远在三千里之外的成都市某中学高一(5)班结成了友谊班。两个班级、两个班级的同学们通过信件互相激励,互相鼓舞,互相帮助,友谊的彩带将上百颗年轻的心紧密地连接在一起。为了进一步促进异地同学们的友谊,为了进一步增强他们的体质和战胜困难的信心,这年十月间,班主任又精心策划了友谊班异地象征长跑的活动。具体安排是:异地的两个班级分别开展为期一个月的冬季象征长跑活动，开头与结束的时间完全相同；每个班同学长跑的路程相加等于到对方校的路程长度，在本年的最后一天跑完全程。

事先，这位班主任专门去信征求成都市某中学高一(5)班班主任方老师的意见。方老师回信表示完全同意，大力支持，积极参加。班主任于是立即成立了冬季友谊象征长跑组委会，开始具体操作。组委会主任是体育委员，组委会委员还有班长、副班长、团支书和一名体育爱好者，一共5个人，班主任担任顾问。组委会算了一笔细账：天津到成都1600公里，折合为1600000米；全班47人，每人平均跑34042.55米；如果第12月以24天计算，平均每人每天跑1418.44米。组委会还决定以小组为单位，做到统计成果要日清月结，每周的周一将本小组上周成绩上交组委会。

一切准备就绪，两个班都于北京时间7点整鸣枪开始象征长跑。在象征长跑中，同学们比速度、比耐力、比毅力、比友谊、比学习、比品德。一个月间象征长跑活动有声有色地进行，两个班级、两个班级的同学通过信件交流参加象征长跑的体会，传播象征长跑中的花絮。一个月后，新年前夕，两个友谊班各自跑完全程。班主任又召开了结业式，进行了全面的总结。

进入新的一年，许多同学仍然每天坚持长跑锻炼。下大雪了，他们还在坚持。操场雪地上留下了他们坚实的脚印。班主任看到意志力已经在同学们的心中深深地扎下了根，班主任看到青少年在茁壮地成长，心里像喝了蜜一样甜。班主任相信这些学生今后在漫长的人生路上会永远信心百倍斗志昂扬地跑下去，胜利地跑完一个又一个二万五千里。

本招精要

其实，像象征长跑这样的很多传统项目，班主任都可以让它们焕发出新的光辉，还可以适当加重感情色彩，或者与意志品质的培养等有机地结合在一起，赋予它新的生命。德育工作要创新，传统项目完全可以利用，但是一定要创新，决不能旧瓶装老酒，更不能新瓶装老酒。只要创新，旧的形式也可以利用；缺乏创新，新的形式也会成为老面孔。须知，创新是德育工作的灵魂，也是德育工作的法宝。

只要有坚强的意志力，就自然而然地会有能耐、机灵和知识。
——陀思妥耶夫斯基

骑车远足法

当今,青少年中独生子女的比例越来越高,娇生惯养的情况日益严重。班主任应从培养能吃大苦耐大劳的接班人的高度考虑问题,锻炼学生的意志力。

有一次,一份材料引起了某班主任的注意,上面记载了这样一件事:一个美国人说:“虽然我们打败不了中国的第一代、第二代人,但在第三代、第四代人的竞争中,我们一定会取得胜利。”而在引起举世瞩目的中日青少年草原夏令营较量后,日本人傲慢地扬言:“中国的下一代不是我们的对手。”班主任联想到本班不容乐观的情况:住校生本来大多是农民的子弟,可是如果到两里外的百货商场买东西时都要千方百计借车骑车去,否则宁可不去;而一遇到下雨天,不少走读生往往要“打的”来上学,经不起一点风雨。

作为德育工作的一个老兵，这位班主任的心里很不平静：现在的青少年如此脆弱、娇气，以后如何担当复兴中华民族的重任？造成这种情况不能一味地怨天怨地，而应动脑动手着力解决。于是班主任决定开展活动，让学生吃点苦、受点磨难，积累准备参加日后激烈竞争的资本。春假即将到来，班主任决定带领全班参加利用春假骑车远足活动。

这个设想刚一公开，全班哗然。不少同学跃跃欲试，也有的愁眉紧锁——很想参加，但是又胆怯。经过动员，全班同学一致同意，并开始积极做准备。仅仅还有两天就要骑车远足了，三个女同学又要销名。班主任清楚她们是由于胆怯而要打退堂鼓的，于是未置可否。随后到班里，先让全班共同背诵毛主席的《长征》，全班情绪随之高昂起来，班主任再次动员说："毛主席在68岁高龄时三次横渡长江，而'红军不怕远征难，万水千山只等闲'，我们应该向伟大领袖、伟大红军学习，不畏艰险，披风斩浪。我半百已过，决心和大家比试一下。这次骑车远足来回二百里地，我保证骑完全程，汽车一步也不坐，与全班同学风雨同舟、甘苦与共。"班里响起经久不息的掌声，那三位女同学又鼓起勇气。结果这次活动十分成功。

第二天上课，没有一个同学迟到、请假。在事后的总结中，甲同学说："我从没有想过自己会做出什么令人惊讶的事，直到骑车远足二百里回来以后，我才真正地为自己骄傲了一回。"乙同学讲："遇到的困难、战胜的困难越多，我们成熟得越快。通过这次令我们终身难忘的骑车远足二百里活动，我不再畏惧困难。

来者不拒,多多益善。只要坚持,奇迹就会出现。终身努力,便是成功。”丙同学说:“这次活动,不仅锻炼了自己的意志,而且对自己的能力也了解得更清楚了。以后,我要多对自己说‘我能行’。通过这次活动,我明白了:战胜自己,就能战胜所有的敌人。”丁同学的总结最能代表当代青少年的心声,他说:“铁的事实雄辩地证明,我们这一代有信心迎接21世纪的挑战,有能力做中国航船的纤夫,有资格接过历史的接力棒。我们这一代必定将以胜利者的状态挺身于竞争大潮的潮头!”

本招精要

当今,青少年中独生子女的比例越来越高,娇生惯养的情况日益严重。班主任应敏锐地发现这类问题,应该从培养能吃大苦耐大劳的接班人的高度考虑问题,组织学生开展骑车远足等活动。这类活动,一则锻炼意志,二则培养审美情趣,三则促进同学交往、加强团结。可谓一箭多雕、一举多得,很值得推广。另外,在类似活动中,班主任应尽可能发扬身先士卒、与学生风雨同舟的精神,那样的效果将会更佳。

要尊重儿童，不要急于对他作出或好或坏的评判。

——卢梭

化解干戈法

针对班级不团结的隐患，不失时机地开展教育，要充分采用为学生所喜闻乐见的灵活多样的活动形式，让古诗等代替班主任做思想教育工作，这也是值得学习的。

某班甲同学和乙同学动手打了起来：甲同学性急之下抡起椅子要向坐在他前面一排的乙同学砸下去。万幸的是旁边的同学把他抱住了，否则后果不堪设想。这场争端是因为乙同学坐椅子摇来晃去，椅子碰痛了甲同学，甲同学骂了他一句，乙同学反唇相讥，于是战火升级，两人打得不可开交。原来是鸡毛蒜皮小事引起的。可是班主任却不能一笑了之、置之脑后，而是想这个班同学不团结听说已久，农村来的学生和城镇学生有隔阂，住校生和走读生“鸡犬之声相闻，老死不相往来”，男同学和女同学之间似有鸿沟。甲同学和乙同学动手打架,只是一个信号,同学不团结是根源。治标必须治本,因为不团结是建设班集体的一大障碍。在办公室解决问题时,甲同学和乙同学“公说公有理、婆说婆有理”,各执一词谁也不低头。此时班主任不应就事论事、判他们两个各挨多少大板,而应该借题发挥,作篇促进团结的大文章。

事后仅三天,就是中秋节。中秋节是中华民族传统节日,是家人团聚的佳节,是充满祥和气氛的日子。班主任抓住了这个千载难逢的契机。这一天,班主任提前在黑板上写下班会题目“相亲相爱一家人”。班会在欢快的《相亲相爱的一家人》的乐曲声中开始。主持人董同学点起 18 根蜡烛(象征同学即将迈进 18 岁的门槛);几个心灵手巧的女同学用 48 个苹果(因为全班共 48 个人)摆出心的图案,并由一位同学连续朗诵了 10 首以中秋节为主题的诗歌。然后,主持人领头,全班背诵了苏轼的《水调歌头》词:“……但愿人长久,千里共婵娟。”雄浑的诗句、豪迈的情调、深远的意境,使同学们沉浸于艺术海洋之中。紧接着主持人又引导同学探究中秋节团聚的含义。这个班会的重头戏是大家合唱《相亲相爱的一家人》,伴随着优美动情的旋律,全班同学的情绪达到高潮。最后,班主任画龙点睛做了总结:“今年的中秋节或许是你一生中最不平常的中秋节,我们 48 位同学团聚在一起,48 颗心一同跳动。以前,以后,中秋节恐怕你都会与自己的家人欢聚一堂。其实,我们班也是一个大家庭,我们 48 个同学就是兄弟姐妹,我们走到一起就是缘分,就有情意。以后的一千个日夜,我们就在这个大家庭里学习、生活、成长。让我们把今天的中秋节珍藏在心里，让我们大家携手并肩阔步向前。”《相亲相爱的一家人》旋律高扬，班会圆满结束。第二天，甲同学和乙同学握手言和。

在平时，班主任应当由同学们的一些矛盾冲突（比如动手打架等），敏锐地洞察到其中的深层原因（如班级不团结的隐患等），进而再联想到团结等对班级建设的重要作用，然后不失时机地开展针对性的教育。这种及时发现问题、及时解决问题的能力，班主任应该具备。不过具体的工作方法完全可以灵活多样，比如引用古诗等为学生所喜闻乐见的形式，让古诗等代替班主任做思想教育工作，这也是值得学习的。

第五编

随机教育篇

随机教育与管理在班级管理中应该是一个重要方面，它的正确运用可以更好地帮助班主任发现管理中存在的不足，了解学生的思想动态，及时发现学生中出现的问题并解决问题，更大地提高班级管理的有效性。

随机教育与管理,是相对常规管理而言的一种管理方式,它对于被管理者来说具有不确定性。正是这种不确定性,在随机管理中我们更能够发现一些真实的甚至是隐蔽的问题。因而随机管理是常规管理有效的、有益的补充和不可或缺的辅助手段。在班级管理中,班主任老师恰当地运用这种管理方法,将对班级管理起到事半功倍的效果。

一、提高发现问题的能力,增强随机管理的主动性

在很多学校,对班主任的评价往往采取量化的方式,形式单一、时间和内容固定,因此很多班主任老师仅仅满足于或者应付着做学校所规定的这些固定任务,而缺乏一种主动的积极管理班级的精神。

而实际上学生的行为问题大部分却是发生在班主任进行常规管理之外。因此,班主任老师应该充分发挥积极性、主动性,进行随机管理,及时发现问题,以增强管理的主动性。这就要求班主任老师不能满足或者应付学校规定的这些常规管理的任务,而要腿勤多跑,眼勤多看,耳勤多听,嘴勤多问,时时处处留意,从细微变化中发现问题,见微知著。只有做到了这些,教师才能做到胸有成竹,把握管理的主动权。

二、提高捕捉时机的能力,把握随机管理的规律性

随机管理不是随意管理,而是有一定计划、一定目的性和一定意义的管理,但不能盲目地疲于奔波。在班级管理中,精心策划,善于捕捉随机管理的时机,把握随机管理的规律性,是不可缺少的。

班主任工作主要应该抓住晚饭后、午休间、下雨天、放假前这四

个时期，是学生最容易松弛、教师最容易松懈的时间。而这并不是说要班主任老师一定要去进行警察式的巡查，进行随机管理的时间应该是不确定的，让学生无法预测，但又是偶然中的必然。

三、提高选择方法的能力，增强随机管理形式的多样性

随机管理当中，班主任管理和教育方法的运用，是最能体现班主任管理水平和管理能力的。方法的选择和运用，是保证随机管理中发现问题，并有效解决问题的一个重要方面。比如自然地参与学生课间的闲谈，从中了解学生的思想动态，表明班主任就像学生的朋友，“正好”碰上了本班的学生，借机谈心，既使学生了解班主任对他的重视，又恰当地进行了心灵的交流等等，总之，随机管理和教育的方法应该是事先有了周密思考和部署，看似无意，实则早有“预谋”。

四、提高表述能力，讲究说话艺术，增强随机管理的实效性

提高班主任的表述能力，讲究说话艺术，是解决问题的关键。但在随机管理中，决不能像上政治思想课一样与学生大讲道理，而应该尽量用简短精练的语言把道理讲明白，使学生乐于接受，入耳入脑。

时间短、见效快，是随机管理中对学生进行教育的特点。班主任应该对每个学生都有比较清楚的了解，熟悉每个学生的脾气、性格及其他的基本情况，了解其实际困难，找准问题的症结，启发诱导，析事明理，因材施教，把道理讲到学生的心坎上，让学生心悦诚服地接受老师的批评或者主动改正错误，这才达到了我们进行随机管理的目的。

总而言之，随机管理的正确运用可以更好地帮助我们发现管理中存在的不足，了解学生的思想动态工作及时发现学生中出现的问题并解决问题，更大地提高我们班级管理工作的有效性。下面我们准备了几种随机教育学生的具体办法，可供班主任参考。

抽打自己的鞭子要掌握在自己的手里，在漫长的人生道路的每一步上，都要经常鞭策自警，万不可以为有过一两次抽打就可以沿途平安了。『自新应似长江水，日夜奔流无歇时。』

——魏书生

趁机传道法

施行德育的载体千千万万,班主任们要不断拓宽德育的领域,巧妙地借题、借助载体而发挥,让德育变得亲近而易于接受。

一天晚上,某班主任在灯光下批阅学生作文。读着读着,一篇作文深深地吸引了班主任,只见一个傲气十足的学生写道:“踏入重点高中的校门已经一年了。一年间发生了许多令我难忘的事,每次回忆都有新的收获,但最让我难忘的应该是上周的全校羽毛球比赛……第二轮比赛开始了,我雄心勃勃地上场。这次是高二(1)班的选手。一交手,我就感到不妙。几经拼搏,第一局我以 8 比 15 的悬殊比分败北,我的脸火辣辣地烧。第二局我打得更惨,只能被动招架,一会儿工夫就以 1 比 12 落后了 11 分,追上比分已是妄想,转败为胜更是难上加难。我只觉得一切希望都破灭了，干脆把球拍一扔退出了比赛，回到家心里还是酸溜溜地不是滋味。这场球赛将作为永远的记忆长存于我的心间……”放下作文，班主任不由得陷入沉思之中：这位同学头脑聪明，反应敏捷，是块好材料。而他致命的缺点是骄傲自满，孤芳自赏，目空一切，所以与同学的关系比较紧张。几次找他谈话，他都心不在焉、不以为然。这场羽毛球赛，他失败了，或者说在高中生活中他狠狠地碰了回壁。班主任意识到这是对他“传道”的最佳契机。

第二天，班主任和这个同学谈球论球，输得一塌糊涂以至中途退场的他这次可是低了头。班主任轻声说：“举世公认的一代球王贝利从来不居功自傲，他认为‘最好的球是下一个’，他知道骄傲是退步的开始。一个胸怀大志、想干一番事业的人决不会沾沾自喜、洋洋自得于一孔之见、一时之得，他们不敢目中无人，因为他们坚信山外有山、天外有天、人外有人。”看到他略有所思的样子，班主任有意顿了顿才接着说下去：“你参加比赛，不可能总是碰到像高一(6)班那样的弱者，你必定会遇到像高二(1)班那样的强手，还会遇到比高二(1)班更胜一筹的强手。一辈子打球，对方都是弱者，都不如你，你早晚会感到索然无味。只有与强手相比相争相抗衡，比赛才有味道。”他一边听着，一边轻轻地点头，班主任看得出这翻话说到了他的心坎里。最后班主任又叮嘱他说：“这场球输了，下一场球决不能再输。吃一堑，长一智。向弱者学习，向强手请教，不断提高自己的球技，不断进取，我们才能取胜。打球如此，学习何尝不是这个道理？一代伟人毛泽东曾说过：‘学习的敌人是自己的满足，要认真学习一点东西，必须从不自满开始。’庄稼头抬得高高的是瘪谷子，低头的穗才有饱满的谷粒。”从这个同学的神态可以看出，这番话他听进去了。知道“借球传道”见效了，班主任感到十分欣慰。

本招精要

其实只要运用得当，许多日常事情和日常活动都可以成为班主任们开展工作的很好素材。比如班主任可以借球传道，也可以就事论理。各种体育运动都可以传道论理，如长跑、跳高、滑冰、游泳等。同样，借其他活动项目也一样可以传道论理。施行德育的载体千千万万，开展德育的天地很宽。班主任们要不断拓宽德育的领域，巧妙地借题、借助载体而发挥，使德育变得亲近而易于让学生接受。

没有爱，就没有教育。

——苏霍姆林斯基

卡片传爱法

做好差生的转化工作，要有对症的特效药——爱。只要班主任们对差生有一片爱心，就一定可以找到转化差生的机会。

张同学上了初中仍然十分淘气。他是三代单传，是爷爷奶奶唯一的孙子、姥姥姥爷唯一的外孙。本来隔辈的溺爱就是比蜜还甜，何况是四个隔代长辈的溺爱呢？上了初中后，班主任对他下了九牛二虎之力，还是收效甚微。

一天，语文老师讲毛主席诗词《送瘟神·第二首》，同学们都静静地聆听老师的朗诵："春风杨柳万千条，六亿神州尽舜尧。红雨随心翻作浪，青山着意化为桥。天连五岭银锄落，地动三河铁臂摇。借问瘟神欲何往，纸船明烛照天烧。"忽然教室里飘起一股烟。一会儿，教室里浓烟笼罩，呛得同学们连连打喷嚏。课没法再上下去了。大家仔细一看,原来是张同学在椅子下面点着了一大堆废纸树枝。语文老师让他站起来检查,他却振振有辞地说:“‘纸船明烛照天烧’嘛! 我叠了上百条船,一下子就烧光了,还不是为了配合老师讲课吗? 没有功劳,还有苦劳嘛!”让大家哭笑不得。

张同学真让班主任头痛。班主任暗想,看来要想降伏这只小老虎,必须用特殊招才行。班主任耐心地等待着时机。

一天,张同学未到校,连着三天没来上课。班主任正想利用周六休息的时间去他家探望,他却来了。戴着黑纱,脸上布满阴云,仿佛变成了另外一个人。原来他家遭了不幸,爷爷、奶奶都是 70 岁的老人,午饭后睡觉中了煤气。待他父亲下班回家,两位老人一点气息也没有了,煤气一下子夺去了最疼他、最宠他的爷爷、奶奶的生命。张同学再也见不到爷爷、奶奶了,这个打击太大了,一下子打懵了他。从不知忧愁的他天天沉浸在痛苦之中。班主任把他叫到办公室安慰他,他两眼红红的,就是打不起精神来。无论班主任怎样劝说他,他就是一声不吭。从此以后,张同学变得少言寡语,别说是恶作剧,就是笑也似乎与他无缘了。

班主任想这是个不幸的事,也是转变的时机。应该让他重新振作起来,与过去的坏习惯彻底决裂。怎么办呢? 一般的劝慰看来是难以奏效了。晚上,班主任找出一张素淡的卡片,沉思片刻,用仿宋体一笔一画写了一段话。首先写的是“默默的祝福”,然后又写道“别猜我是谁,也不必去寻找。只要你知道,这世界上除了爷爷、奶奶,还有人在默默地祝福你。生活依然美好，依然充满热情，依然充满爱！相信孝敬老人的你，一定会以勤奋的学习、优异的成绩告慰爷爷、奶奶在天之灵。爷爷、奶奶希望你做一个有出息的人，我、我们都相信你会开辟一个崭新的世界！”第二天早晨，趁同学们还未到校，班主任悄悄地把这卡片放在他的书桌里。张同学来了，看见卡片，读着上面的文字，沉默了许久，思索了许久，然后开始学习。从此，张同学变成了聪明好学积极上进的学生，期末还被评为三好学生。

本招精要

身为班主任，对待差生，要给予更多的关心、更多的爱；班主任用情、用爱往往才能启迪一位学生的心灵。对待差生，转化差生，要用“特效药”，对症下药。班主任应该善于抓住时机（如上文中那位同学的家庭不幸的机会），才能顺利做好转化工作。只要班主任们对差生有一片爱心，就一定可以找到机会。可以说，爱是转化后进生的“特效药”。有了爱这副“特效药”，任何顽固的堡垒都可以攻破——班主任们应该坚定这个信念。

人的内心里有一种根深蒂固的需要——总想感到自己是发现者、研究者、探寻者。但如果不向这种需求提供养料，缺乏认识的乐趣，这种需求就会逐渐消失，求知兴趣也与会之一道熄灭。

——苏霍姆林斯基

随机施教法

班主任可以随时随地地对学生进行思想政治教育,不过随机施教也要注意方法与技巧。

在平时的教学过程中,只要班主任老师们用心准备,见缝插针,积极行动,有许许多多可以利用的“小机会”可以对学生随时施教的。下面有几个这类的例子。

一次自习课铃声刚响过,某班主任手捧一本杂志兴冲冲地走进教室向同学们推荐一首好诗。迎着同学们企盼的目光,班主任慢声读了起来。这首诗是诺贝尔文学奖得主吉卜林写给他12岁儿子的,题目是《如果》。诗读完了,班主任说:“我不再占用大家的时间,请上自习吧!”说完匆匆走去。

“同学们,我用两分钟介绍一位科学家,好吗?”又一次早自习铃声刚响过，班主任对全班同学说。“鲍尔是诺贝尔物理奖的得主，他是丹麦人。安徒生就是丹麦人，他的童话《皇帝的新衣》、《丑小鸭》、《卖火柴的小女孩》……可说是家喻户晓。丹麦是个仅有500万人口的小国，国内没有一个有关物理学的研究机构，所以有不少欧美国家重金聘请鲍尔前去从事物理学研究。可是鲍尔却谢绝了邀请，一心在祖国的大地上从事研究。1921年世界上第一个物理学研究中心在丹麦成立了。从此，世界各国物理学家纷纷到丹麦朝圣，丹麦的物理学研究在世界出了名。鲍尔和丹麦的荣誉连接在一起。”最后班主任意味深长地看了看同学们，语重心长地说：“我希望以后你们的名字和中华民族的荣誉连接在一起。时间是两分钟，一秒未超。大家学习吧！”

还有一次班内出现了不珍惜时间的现象，班主任未讲什么长篇大道理，只是讲了这样一个故事：美国夏威夷岛上的学生们每天上课前总要虔诚地祈祷，祈祷词是：“一个人的一生只有三天：昨天、今天和明天。昨天已经过去，永不复返；今天已经和你在一起，但很快也会过去；明天就要到来，但也会消逝。抓紧时间吧，一生只有三天！”这以后同学们珍惜分分秒秒的时间。

当部分学生滋生了赶时髦讲穿戴的思想时，班主任利用课前两分钟的时间，给他们介绍了诺贝尔化学奖获得者、美籍华人李远哲在复旦大学演讲时讲的一段话：“……我在大学一年级时穿的一件衣服是我父亲留下来的，有很多补丁，每个礼拜天我都要补几针。穿的袜子破了，就要把电灯泡摘下来，袜子套上去，自己补。确实，那时生活很清苦，但我们自得其乐。我想，吃得饱，有地方睡觉，从事科学研究的人大概会满意的……我们应该羡慕一个人的能力与学识，不要羡慕一个人在物质上的享受。这样，生活就会好过多了。”这在同学们的心间立下了一座勤俭奋斗的丰碑。

本招精要

班主任对学生进行思想政治教育，其实是可以随时随地地进行的。每次的时间可以是一二分钟、三四分钟，很短暂，内容丰富而深刻，让学生的思想一点点得到升华，不断拓宽、不断进取。三年间若干个一二分钟、三四分钟，学生的心间就会屹立起牢固的思想堤坝。只靠每周一次班（队）会的时间，只靠偶尔的正规教育是远远不够的。针对随时可能产生的问题，随时随地地进行教育，错误往往会在苗头时即纠正，问题往往刚出现即解决。短、平、快，省时省力，见效快。

不过随机施教也要注意方法与技巧。一是适时性，二是针对性，三是深入性，四是生动性。借助的材料一定要生动感人、丰富有趣。

第六编

纠错篇

学生在成长过程中，犯错误的原因是多种多样的，如果不做深入的调查了解，一味训斥，或以简单的处罚了事，不仅于事无补，相反，还往往会引发学生的逆反心理和抵抗情绪。只有真正注意心理交流，并与他们平等相处，才能将“理”通过“情”在心灵内化，才能转化为符合现代社会要求的思想和行动。

引导学生明辨是非，使其健康成长，这是班主任工作的一个重要方面。

学生偶尔犯一次错误是在所难免的，只有他犯过了错误才能认识到错误，才能改正错误，在经历了这样的过程中，学生才能不断成长、不断成熟起来。因此，认识错误是学生少犯错误以致不犯错误的关键，因而引导学生分辨是非、使学生认识错误，是学生少犯甚至不犯错误的前提。在指导学生明辨是非上，班主任应努力使学生不走弯路，能正确面对和处理各种矛盾和问题。学生明辨是非的能力参差不齐，需要在教师的教育下懂得是非，不同年龄阶段的学生出现不同的问题，班主任应做到心中有数，从而通过各种形式潜移默化地进行引导，帮助学生明辨是非，提高认识。

晨会、班队会、黑板报、讨论会，都有班主任进行指导教育的最佳时期。通过读报、讲新闻、谈见解、读短评、学榜样、行为习惯小测试、思想品德多棱镜等丰富的内容，引导学生认识社会、认识人生、评定价值。学生的思想行为就有了尺度，无形中就使学生形成了优良的品质和人生观。总之，班主任应引导学生用自己的眼睛、心灵去发现人生的美与丑，陶冶情操，检阅思想，形成高价值的人生观。

引导教育即说理教育，要“动之以情，晓之以理”，它主要是通过摆事实、讲道理，循循善诱，分清事非，指明方向，提高学生的思想认识。进行思想教育要做到以理服人，因为学生的思想问题，大多属于认识问题，只能采取“团结—批评—团结”的方法。因此，无论是对学生进行激励，还是帮助他们克服缺点错误，都必须使他们的内心深处明晰道理。这并不是说教育可以放纵、容忍学生的错误言行存在，而是要对错误的东西进行剖析，剖析得力，说得学生心服口服，说服教育才能起到预期的效果。如果班主任不用说理方法，而是对学生采用体罚、罚款或训斥的方法，其结果只能是让错误的思想伪装起来不敢暴露，或者是以钱代教，使学生"中毒"，而不"知毒"，这都不能达到教育的目的。

因此，对学生一方面要让他们敢于暴露思想，另一方面要给以精神武装。对讲了错话的学生不抓"辫子"，而是要引导他们通过认真学习、比较、反思，经过独立的思考去接受正确的思想。首先，说服教育的前提是要对学生有深厚的感情，善于同他们交知心朋友。古人曰："感人心者，莫先乎情。"只有与学生建立起融洽的感情，心心相印，推心置腹，才能使学生毫无保留地倾吐自己的全部真实思想，心悦诚服地接受班主任所讲的道理乃至批评和忠告。其次是要选择适当的地点和时机谈话。例如，当班主任发现学生思想政治上要求进步，或遇到问题、困难而情绪低落，或与别人发生纠纷而影响团结时，就要不失时机地进行个别谈心。个别谈心可以在僻静处，也可以在公共场所，可以在教室、办公室，也可以在校外进行，可以使学生感受到严肃，用安静、肃穆的气氛使对方感受到问题的严重性，从而认真地思考，也可以有意识地让学生感受到轻松，在漫谈闲聊中摸清学生的心理活动和思想状况。在谈话过程中，教师要注意谈心的合理程序和委婉的语言艺术。个别谈心，要十分注意由浅入深、由远及近、由异到同的循序渐进的方式。要讲究语言艺术,力求做到语言鲜明、生动、准确,有逻辑性、有知识、有感染力。

班主任的职责是教书育人,塑造人的灵魂,他必须严于律己,以身作则,为人师表,从一言一行、一举一动上做学生的楷模。然而,有的教育管理工作者,在工作过程中,往往片面强调了“理”而忽略了“情”。在对学生进行教育管理时,有意无意、自觉不自觉地流露出一种“居高临下”的神态,动辄简单、粗暴、过激地责备一番,训斥一通,甚至对学生“以罚代管,以罚代教”。

但是,学生在成长过程中,犯错误的原因是多种多样的,如果不做深入的调查了解,一味训斥,或以简单的处罚了事,不仅于事无补,相反,还往往会引发学生的逆反心理和抵抗情绪。只有真正把学生当作“人”,注意与他们的交流,尤其是心理交流,并与他们平等相处,才能将“理”通过“情”在心灵内化,才能转化为符合现代社会要求的思想和行动。

总之,面对学生多种多样的犯错原因,班主任也必须有灵活多变的应对策略,才能更好地解决问题,达到纠正学生错误和教育学生的目的。为此,我们搜集了班主任帮助学生纠正错误的若干精彩案例,以供参考。

习惯真是一种顽强而巨大的力量，它可以主宰人的一生。因此，人从幼年起就应该通过教育培养一种良好的习惯。

——培根

驱逐"玩魔"法

青少年富有个性,班主任们的思想工作也应因人、因事、因地而不断变化,这样德育工作才能取得实效。

有段时间,有件事让某班主任很头疼,那就是班里学生打扑克成风。中午休息时,三个一团五个一伙甩扑克,玩得热火朝天;放学后,不少同学也要痛快地甩上两把再回家;即使是课间10分钟也要争分夺秒甩一回;甚至是周六、周日对家长说到校学习,其实一到教室便玩个昏天黑地。教室本来是学习的场所,一玩扑克自然会乌烟瘴气。班主任急得三令五申规定不准在教室里甩扑克,可是扑克迷们由地上转到地下,照玩不误。班主任大发雷霆,扑克迷们收敛了几天,但问题并未彻底解决。长此以往,势必人心涣散,正气难树,学习受到冲击,成绩必定下降。可是怎样才能确实解决问题，让学生把心收回来呢？根据以往的情况看，一般的方法是难以奏效的，采用旁敲侧击、迂回进攻的办法，效果应该会更好。班主任一定要在不显山不露水中帮学生驱逐玩魔。班主任可以针对这种情况精心设计一堂主题班会。

主题班会开始，某班主任不慌不忙地说："社会在迅速发展，人们的交往越来越密切。由于交通、电讯的变化日新月异，国与国之间的时空距离在缩小，人们称世界为地球村。作为地球村的成员，必须具有较强的交往能力，而口才是交往能力的标志之一。在座的同学们也必须有意识地锻炼自己的口才。为此，今天咱们做个练习。班主任出个题目，请你们动脑筋想出最好的答案，看谁回答的最妙。要求是：幽默风趣，简练含蓄，切合语境，寓有新意，效果好。班主任先举两个例子。要出的题目是：假如你走上了工作岗位，已经取得了一定的成绩，比如获得一项发明奖，或者是出版了一部专著。一天在街上，遇到了曾经歧视过你、并预言你不会有出息的某位老师。你第一句话准备说什么？"

经过短暂的思索，十几个同学争先恐后地说出自己的想法。李同学说："这世界真有意思，本不该发生的事却成了现实。"王同学说："虽然您的预言失败了，但我知道您会更高兴。"高同学说："如果当初不是您激发我的自尊心，我恐怕难以取得现在的成绩。"钱同学说："您当年的话是个动力，使我不敢松懈。我知道您一向爱说反话的。"获得全班赞同的答案是沙丽同学说的："当初您预言我不会有出息，那时我还误以为您真的在讽刺挖苦我。现在我终于明白了,您用的是激将法。谢谢您,老师!”

班内洋溢着轻松欢快的气氛。然后班主任可以把握时机把话锋转到正题上:“现在,我们就玩扑克的问题设计一下情景:老师一再要求同学们不要在教室里玩扑克,可是第二天你就忘了,又和几个同学甩上了。正巧班主任走进了教室。试想,你说句什么话才能对付这尴尬的局面?”赵国强说:“老师,我想收拾收拾牌。”刘炀说:“您说扑克影响学习,我想试试能不能既能玩扑克又能搞好学习。”张华民说:“哎哟!老师您来了,外面的哨兵怎么没报告一声?”王佳说:“老师您不让我们打牌,可我又打上了。我是想锻炼一下自己的勇敢精神。”班主任抓住这个答案,不失时机地开导他们:“不许在教室里甩扑克是班主任的金科玉律,王佳敢在老虎嘴边拔胡须,真勇敢!可是世上没有甩扑克英雄,却有科学巨匠、文学大师。在科学文化大道上有崎岖有虎豹,更需要发扬勇敢精神。我们的勇敢用在攻克科学险阻上才是正道。同学们,你们说,对吗?”全班无一人不点头。这种教育方式迂回曲折,以理服人,可以对“玩魔”起到较好的治理效果。

本招精要

班主任对学生的德育工作有时需要真刀真枪、针锋相对,有时却需要虚晃一枪、以柔克刚;有时需要明敲锣、明击鼓,有时却需要旁敲侧击、迂回进攻;有时需要大张旗鼓,有时却需要偃旗息鼓,于无声处胜有声,德育工作就是不能千篇一律。青少年富有个性,班主任们的思想工作也应因人、因事、因地而不断变化,才能取得实效。

天分高的人如果懒惰成性，亦即不自努力以发展他的才能，则其成就也不会很大，有时反会不如天分比他低些的人。

——茅盾

名言治惰法

在工作中遇到头疼的事,班主任要注意改变策略,有时长说不如短说,短说不如不说,多说不如少说,正说不如反说……教育要因时、因人、因地、因事,对症下药才能见实效。

住校生睡懒觉总是会班主任头痛的事。

有一天早晨某班主任骑车到校,看表刚刚七点钟。班主任看为时过早,便在校园里漫步。走到宿舍楼,仰头看到308宿舍的窗户没有灯光,三楼其他宿舍大多亮着灯(时值深冬,七点天还未大亮),心里窃喜,暗想:班主任班男同学真是好样的,提前起床,按时熄灯,一定是到操场锻炼或者上教室学习去了。走进教室,见几位女生在读书,却不见住校男生的身影。七点半晨读的铃声响了,他们还未到,又过了十分钟,他们才匆匆而至,一问又是睡过了头——这是他们屡屡迟到的唯一理由。刚才他们的宿舍黑着灯是因为他们在蒙头大睡。为了同学们的健康,为了养成良好的生活习惯,班主任一再强调早起锻炼身体的好处。谁知他们非但未早起,甚至连按时起床也做不到,真让人失望。后来班主任转而一想:以往一段时间,道理没少讲,唇舌没少费,可就是效果不显著。可是,学生有问题,班主任的工作方法就没有问题吗?老生常谈,事实证明是不行了,要采用新的策略。于是班主任在黑板上写下十个字:由俭入奢易,由奢入俭难。班主任抬头看了看全班,说:"这是司马光《训俭示康》中的一句话,它已成为家喻户晓的名言。还有十几分钟下课,咱们搞一个小智力竞赛。将这句名言中的'俭'、'奢'抽掉,请你们结合学习、生活情况,选取另外的字添上,看咱们能添出多少项。308 宿舍的同学有优先权。"甲同学选了"进"、"退"两个字,名言改写为"由进入退易,由退入进难"。乙同学选了"深"、"浅"两个字,名言改写为"由深入浅易,由浅入深难"。丙同学在四个空上分别添上"紧"、"松"、"松"、"紧";丁同学添的是"谦"、"傲"、"傲"、"谦"四个字;还有的同学选的是"巧""拙"、"拙"、"巧","好""坏"、"坏"、"好","先""后"、"后"、"先","勤"、"惰"、"惰""情"。

看到火候已到,班主任总结道:"司马光的两句话含义丰富,哲理深邃,所以流传千古,成为警世名言。今天同学们填写的都有道理。道理为何?请同学们,尤其是 308 宿舍的男子汉们思考。相信同学们在今后会更加勤奋,相信 308 宿舍的男子汉们会与懒惰'拜拜'。"

此外,班主任还可以收集有关勤奋的名言,连夜刻印好,发给全班同学,如"业精于勤荒于嬉,行成于思毁于随"(韩愈),等等。这些名言一定会成为前进的动力。果然,从那以后,早晨七点钟,该宿舍的窗口还是看不见灯光,不过再不是集体蒙头睡大觉,而是早早起床锻炼去了。

本招精要

学生的有些不良习惯很让人头疼,说轻了,不管事;说重了,不值得。这时班主任最好改变策略,比如借用名言,巧改名言,展开小竞赛等,能够让他们变惰为勤,立竿见影。总之,到底应该怎么进行教育,班主任要因时、因人、因地、因事,对症下药才能见实效。

错误在所难免，宽恕就是神圣。

——波普

特意遮掩法

宽容与尊重有时会起到斥责和处分所不能替代的作用。

有个女学生叫小萍，是初二时到某班的留级生。听她的前班主任介绍，她是个“情种”，前后搭过好几个伴儿。在几个男同学的笔记本上都有她的笔迹：“让我们根连着根，心连着心，手拉着手，永远不分离。”刚到这个班不久，她就与两个女同学、一个男同学盟誓结拜。当晚，这个绰号叫“夜来香”的女孩子竟一口气抽了6支香烟。这位当了二十几年的班主任，像这样的女学生还是头一次遇到。“一个女孩子，如此轻浮必有缘由”——班主任心里暗暗地想。通过家访，班主任终于弄清了原因：她爸爸患有精神，常常突然把家砸个稀巴烂；妈妈是个目不识丁、脾气暴躁的家庭妇女——这样的家庭环境，使处于青春期的小萍得不到家庭的温暖。她渴望得到精神寄托,因而在与同学交往中就难以控制感情,做出一些反常举止。

班主任想:孩子误一时,可不能误一生啊!班主任一定要用真挚的情感去捂暖她那颗几近冰凉的心。经过一段时间的努力,小萍有了不小的进步,班主任从心里为她感到高兴。谁知事情并不那么简单。

一个星期六的晚上,11点了,班主任发现本班住校的男生小军还未回宿舍。班主任到处去找,不见踪影。这时小萍的妈妈到学校来找女儿,她的大嗓门惊醒了已经进入梦乡的学生,他们纷纷从窗户探出头来看热闹。班主任连忙安慰小萍的妈妈,让她先回家休息,答应她学校马上派人去找,又命令同学们马上就寝。然后班主任拿着手电筒校内校外找了个底朝天也是没找到。直到凌晨1点钟,小军才从外面回来。班主任略一询问,果然是和小萍在一块儿闲聊、抽烟。气得班主任一夜未睡着。

第二天一大早,小萍拿着检讨书找班主任来承认错误。班主任正在气头上,连看也没看,把检讨书丢在办公桌上,瞧也没瞧小萍一眼,淡淡地说:“先回教室学习去吧!”没有批评的一句话似乎比雷霆似的斥责更厉害,班主任看见小萍眼噙着泪,心情沉重地走去。班主任立即冷静了下来,想到昨天晚上已经造成的影响——人言可畏的现实、一个小女孩的名声、小萍的未来……班主任又想:如果说过去的小萍还蒙着面纱,可昨天的“失踪”事件却让她彻底暴露了,假如再下不慎的一着,或许就会把她推到大家都不希望见到的境地,那会让自己后悔一辈子的……

想到这里，班主任大步走进教室，向全班同学大声宣布道：“有件事班主任再次强调一下，希望能引起同学们，特别是女同学的足够重视。班主任强调的是——今后不管哪位同学外宿，都必须事先给家长打好招呼。昨晚，小萍没有对父母交代一声，就住在原班一位女同学家里，以致让家长半夜到学校来找，确实应该批评。希望这是最后一次。”班主任知道她心里会清楚老师这是在给她打掩护。在以后的日子里，她有什么悄悄话都向班主任敞开心扉。班主任经常和她谈名誉、谈品行、谈理想……渐渐地，这个孩子学会了自我控制、自我约束，懂得了自尊、自爱、自重，懂得了如何保护自己。她开始走上正路，利用宝贵时光刻苦学习，用辛勤的汗水谱写青春乐章。

本招精要

女孩子轻浮，最容易让人厌烦；女孩子自己不知自爱、自重，他人似乎无技可施、束手无策。然而宽容与尊重有时会起到斥责和处分所不能替代的作用。班主任如果在关键时刻能给小萍这样特殊的女学生做一次特意的掩护，保护其自尊与名誉，也许就可以帮她走出绝境。班主任慎重理智而又特殊的一招也许就可以减少一个日后可能失足的少女，增加了一个自爱、自尊、自重、自强的女青年，这于她自身、于她的家庭、于社会都是有百利而无一害的事情。由此可见班主任工作何等重要，班主任在工作中讲求方法与艺术何等重要。

> 教师是克服人类无知和恶习的大机构中的一个活跃而积极的成员，是过去历史所有高尚而伟大的人物跟新一代人之间的中介人，是那些争取真理和幸福的人的神圣遗训的保存者……
>
> ——乌申斯基

扶正崇拜法

班主任工作中,可能有时候会碰到少数学生崇拜反面人物的现象,班主任对待这种思想认识问题,切不可上纲上线、打“棍子”、抓“辫子”、扣“帽子”。处理这类问题,一定要注意工作方法,要开动脑筋,巧妙疏导、扶正。

某班里搞了次问卷调查,问:“你最崇拜的人是哪一位?”结果答卷中最集中的周恩来也仅有11票,19位世界名人各自只拥有一个崇拜者。全班学生共提出24个崇拜对象:既有革命领袖,又有资产阶级改良派;既有古代的军事家,又有当今的企业家;既有名闻遐迩的科学家、文学巨匠,又有红极一时的球星、歌星、影星……令人惊讶的是有的学生竟然崇拜希特勒、秦桧。此外,不久前在某重点中学召开的"模拟新闻发布会"上,有的学生在大庭广众之下公开宣称自己崇拜希特勒,竟赢得部分学生热烈掌声。班主任想:青年学生崇拜为人民唾弃的千古罪人着实荒诞,作为一个教育工作者有责任帮助他们明辨是非、拨正心灵的航向。不过解决思想问题,采用管、卡、压的老一套是行不通的,应该在"巧"字上作文章。

精心准备后,班会上,班主任开头是不显山不露水地给全班同学讲了一则历史轶事:秦桧的一个孙子一次与朋友同游西湖,游到岳飞庙,看到呈跪态的秦桧夫妇塑像为千夫所指为万人唾骂的情景,不禁吟出两句诗:"人自宋后少名桧,我到坟前愧姓秦。"秦桧屈膝投降,丧权辱国,为虎作伥,陷害忠良,是民族的罪人、历史的罪人。班主任又逗趣地说:"人家秦桧的后代都为自己的前人感到无地自容,我们和秦桧不沾亲不带故,为什么要立誓继承他的衣钵,甘心代他挨骂呢?"教室里一片笑声。接着把话题引到希特勒身上:"希特勒是哪位同学的海外亲属?(学生笑)是的话,可千万别六亲不认呀!(学生大笑)看来咱们中间没有。咱们与希特勒更没有血缘关系,为什么要自作多情地崇拜人家呢?"学生笑声更高。在一阵阵的笑声中,学生在被动接受教育时常会产生的戒备心理悄无声息地解除了。

看到火候到了,班主任沉默了一会儿,严肃地指出:"崇拜谁,每个人都有自由,但是有自由不等于不要原则。我们的原则就是看这个人对历史对人民的态度。反对人民、阻碍历史前进的是千古罪人,即使他有某方面的才能,也万万不能崇拜!"讲到这里，又列举历史事实、具体数字揭露希特勒的滔天罪行：希特勒是杀人狂，屠杀了600万波兰人、400万苏联人、50万吉卜赛人……他连本国同胞也不放过，1939年9月1日签署了在德国清除病员及残疾人的指令，一年间10万德国人被杀戮……听到希特勒这些令人发指的罪行，崇拜希特勒的学生的目光初则迷茫，后来越来越清澈了，一把难开的锁打开了。不少学生情不自禁地点头，他们在人生的长河中已拨正航向，扬帆远航了。

偶像崇拜是一种心态，是心有所属的精神寄托。健康的偶像崇拜使人获得精神力量，受益终身；不健康的偶像崇拜，则使人产生不切实际的幻想，导致精神意志的颓丧，误人一时或一生。

作为一名人类灵魂的工程师，班主任常常需要比较巧妙地解决一个又一个令人棘手的焦点问题。上文中的事例的启示有：

(1)对关系到青少年人生航向的大是大非问题，不可掉以轻心，不可当作趣闻轶事一笑了之，置之脑后，也不能知难而退。

(2)要掌握政策。少数学生崇拜反面人物是个思想认识问题，错误地认为凡是有才能的人、不同一般的人就值得崇拜，却不管这才为何所用。好奇心理使其一时判断失误，有的想标新立异，追求不同凡响、出语惊人，这是极端化的逆反心理在作祟；有的是思想不成熟，辨别是非能力差……凡此种种切不可上纲上线、打“棍子”、抓“辫子”、扣“帽子”。

(3)处理这类问题，一定要注意工作方法，要开动脑筋，巧妙给予学生疏导和扶正。

思想是根基，理想是嫩绿的芽胚，在这上面生长出人类的思想、活动、行为、热情、激情的大树。

——苏霍姆林斯基

借力施教法

教育应该形成合力，班主任不要孤军作战，借助其他人或物的力量，巧妙地做思想工作、解决难题，这样做见效往往更快更好。

某班主任把陈辉请进办公室，陈辉有点局促不安地问道："韩老师，您叫我有什么事吗？"班主任不由得笑了，"非得有什么大事才能请你吗？来，坐下。"陈辉疑惑不解地坐下。班主任问他："李晓刚近来怎么一下子变得少言寡语了呢？"李晓刚是个聪明的孩子，是班里的幽默大师，可近日却是一天也不说一句话，班里空气一下子沉寂了许多。事必有因，班主任几次找他谈话。他或是徐庶进曹营——一言不发，或是一句顶一万句——"老师，我没事。"一筹莫展的班主任忽然想到何不找陈辉摸一下底细呢,两人可是形影不离的好朋友呀！同学们戏称他俩儿是一根线上的两只蚂蚱。听见班主任的发问,陈辉一副犹豫不决、欲言又止的神态,班主任说:“你是怕出卖朋友吧！其实,老师了解了情况,帮助晓刚打开心里的锁,帮助他尽早闯过难关,再恢复想说则说想笑则笑的状态,这不也是你的希望吗?”一席话说得陈辉心悦诚服地点了头,他把晓刚变沉默的原因一五一十地和盘托出。原来是他喜欢上了邻班的一个女孩子,前些天给人家写了一封长长的信,想与人家建立非寻常的关系。那女孩子把信交给了哥哥,让哥哥退给晓刚。那哥哥退信时说了几句威胁的话,并亮了拳头。晓刚没想到女孩子如此绝情,心中一团熊熊的烈火被一盆冷水浇灭了,于是再也提不起精神,每天上课来都硬着头皮。

听罢,班主任责怪陈辉:“这么大的事,你还不打算跟老师说？弄不好,后果将不堪设想。来,咱们好好商量商量,怎样才能让晓刚尽快走出低谷。现在老师不宜出面,否则,他更难为情。这些天只好由你唱主角了。现在班主任来帮你参谋一下,第一,你要多多关心他,和他多聊天,谁让你是他的朋友呢！第二,你找一下那个女孩子,告诉她不应该让哥哥出面并用武力相威胁。拒绝是正确的,但方法是错误的。现在主要的任务是学习,不应过早陷入情网之中。就以此为话题,请她跟晓刚当面谈一次。第三,你也应该以知心朋友的身份批评他不该过早涉足情场,告诉他现在是学习立业的时候,男子汉要自强。”陈辉诚恳地说:“韩老师,我一定完成您交给的任务。”陈辉果然没有辜负班主任的希望,顺利地解决了这个棘手的问题,李晓刚恢复了从前的样子,班主任感到无比欣慰。

本招精要

在有些事情上,班主任可以采用借助他力的办法,就是不直接出头露面,而是借助其他人或物的力量,巧妙地做思想工作、解决难题,这样做见效往往更快更好。对借助他力的方法,其实除了借助学生的力量外,常常可资借助的还有许多,如:(1)借助人类智慧的结晶即书籍的力量。(2)借助启人心智、富有哲理、可以激励人上进的名言警句。(3)借助母爱的力量,有时可以请学生的母亲到校参加班会,有时可以让学生在母亲生日时写封祝福信或慰问信。(4)借助体育运动的力量,以培养学生的意志品质。(5)借助大自然的力量。(6)借助学生自我反省、自我鞭策的力量,如布置学生写日记、周记……总之,教育应该形成合力,班主任不要孤军作战。应该借助一切可以借助的力量,塑造青少年的美好心灵,这也是一种工作艺术吧!

人类的精神与动物的本能区别在于，我们在繁衍后代的同时，在下一代身上留下自己的美、理想和对于崇高而美好的事物的信念。

——苏霍姆林斯基

治恶作剧法

有一次,某班主任被气得一整天没吃饭。原来班主任带的班几次赢得流动红旗,在综合评比中总是名列前茅,同学们团结互助,班级像一个温暖的大家庭。谁知天有不测风云,出了一件令人难以忍耐的事。

原来,前天班里插进一个男同学叫王明远,是随父母由外地转来的,很腼腆,脸色有点苍白。特殊的是这个学生腿瘸——因患小儿麻痹症医治不及时而落下的残疾。班主任很同情这个孩子,也背着这个孩子叮嘱其他学生,一定要关心照顾好这个同学,千万不要拿人家的残疾开玩笑,不要干在别人伤口上撒盐的蠢事。谁知今天第一节课后的大课间,王明远艰难地走出教室。

杨涛跟随在后面，模仿他走路的姿态，一瘸一拐的，全班哄堂大笑，王明远难过地哭了。他下午就没有来上学，家长打电话请假说孩子病了。班主任的心里很不平静，虽然没有亲眼目睹，但可以想象王明远被恶作剧伤害后痛苦的样子。

班主任冷静一想，现在关键是做好扭转工作，借这件事教育杨涛，教育不辨是非哄堂大笑的学生。安慰王明远、抚慰他的创伤，这可不是把杨涛叫来大发雷霆大声训斥、拍桌子打板凳所能解决的。杨涛主动诚恳认错并表示愿意接受学校处分，班主任说："给你处分就可以抚平王明远的心吗？你应该去他家，以给他补课的名义去抚慰他。"杨涛说："那多难为情啊！要是他不开门，怎么办？要是开门了，他不理我又怎么办？"班主任说："你可以把王明远的书包带去，他能不开门吗？开了门，就看你的了。一个人不会拒绝赔礼道歉的，更不会拒绝一位诚心诚意的朋友。"杨涛为找到妥善的办法而感激地给班主任鞠了一躬。第二天，杨涛和王明远搭伴儿来上学，以后两人一块到校、一块回家，亲如兄弟，班里同学们也热情地帮助王明远。在班里，王明远不再腼腆、不再沉默、不再伤心。以后班里再没发生过类似的恶作剧。

本招精要

十几岁的学生，难免做点荒唐的事，有恶作剧也不足为奇。不管恶作剧"恶"到什么程度，班主任都要冷静、镇定，千万不要意气用事。而类似恶作剧、偶发事件等更能锻炼、磨炼班主任,有利于迅速提高工作水平。班主任在恶作剧面前,不宜简单处理或者淋漓尽致地狠批,而应采用攻心的方法从根本上解决问题。

教育者应当深刻了解正在成长的人的心灵……只有在自己整个教育生涯中不断地研究学生的心理，加深自己的心理学知识，才能够成为教育工作的真正能手。

——苏霍姆林斯基

巧制“侠热”法

业余爱好过热以致冲击了正常学习的情况是司空见惯的，班主任对此不应简单压制，最好发动全班同学讨论，并教给痴迷者以顽强意志来抑制的法宝，这样才能标本兼治。

一天，杜同学的父母手里拿着几本数、理、化的课本，气急败坏地向班主任告状，把书皮揭开，原来竟是一套《倚天屠龙记》。送走家长后，班主任又一次陷入了沉思之中。班里某些男同学近一段时间兴起了武侠小说热。怎样控制武侠小说的诱惑，让同学们能有节制地进行课外阅读，集中精力做好复习，这是当前主要的矛盾问题。班主任已经发现了这个苗头，并且在班内讲过几次，也强调在课堂不准读武侠小说的纪律。但是好景不长，一些学生又故态复萌了。要想彻底解决问题，必须着力培养学生的意志品质。具备了顽强的意志，就能排除干扰，坚定不移地朝着理想目标前进。于是班主任邀请几位同学帮助自己开展工作。

经过一番认真准备，两天后的班会课上，一开始，班主任在黑板上写下两组人名："牛顿～金庸"、"爱迪生～古龙"。在全班惊讶的目光中班主任请几位同学相继走上讲台。第一位是杜同学，他说："金庸、古龙是当代著名的武侠小说作家。大家都知道我是个金庸迷，我就来介绍一下金庸及金庸小说吧。"这个话题吸引了班内众多的武侠小说迷，他们屏声静气地倾听。"金庸，原名叫查良镛……他出版的第一部武侠小说是《书剑恩仇录》，继而出版了……有人把他的小说用幅对子概括出来：飞雪连天射白鹿，笑书神侠倚碧鸳。"听杜同学如数家珍地列举金庸武侠小说，他的伙伴们热烈地鼓掌。

第二个走上讲台的是王同学，他介绍的是举世闻名的科学家牛顿。他有条不紊地侃侃而谈："牛顿在科学上有巨大的贡献，恩格斯曾做了高度评价。在天文学方面，他概括出了万有引力定律，科学地说明了行星、彗星、月球等运动的特点，揭示了宇宙天体的奥秘。在力学方面，他概括总结出了机械运动的三定律。在光学方面，他利用三棱镜将白色太阳光分成了七种不同颜色的光，得出了太阳光是由有色光组成的正确结论，奠定了现代光谱分析的基础。在数学方面，主要是创立了二项式定理，又同莱布尼兹分别发现了微积分，推动了数学的发展……可以说，牛顿是人类历史中的巨人。"同学们对牛顿原来只知皮毛，今天听了他的介绍，才对这位人类历史中的巨人有了较全面的了解。

第三个走上讲台的是张同学,他介绍的是又一位举世闻名的科学家——爱迪生。他托了托眼镜,慢条斯理地说了下去:“爱迪生幼年时好学好问,竟被老师当作‘傻瓜’进行侮辱,只好退学回家。后来在母亲的教育下,学习了英语、算术、化学、地理、历史等课程。11 岁时阅读了科学词典和牛顿的著作,以后又阅读了法拉第的电学著作,增长了电学知识。由于家庭生活困苦,他 12 岁就当了报童。15 岁时因在火车上吸烟室里做化学实验,引起火灾,被车长打聋了右耳。但是不论在怎样困难的情况下,他都坚持学习。爱迪生一生中的创造发明有 1328 种,比较重要的有电灯、电车、电影、发电机、电动机、电话机、留声机、蓄电池等等。他在科学上刻苦钻研、坚韧不拔、敢于创造的精神值得我们永远学习。”张同学又把同学们引进了爱迪生的世界库,那一项项伟大发明让同学们目眩神往。

三位同学丰富而翔实的介绍之后,班主任总结道:“牛顿、爱迪生是科学家,金庸、古龙是武侠小说作家,牛顿、爱迪生为科学事业、人类进步贡献了毕生,他们智慧的结晶是我们今天学习的内容。这些知识是无比宝贵的,在座的诸位不会反对吧?金庸、古龙,尤其是金庸的小说也是智慧的结晶,精彩的故事、曲折的情节、巧妙的悬念、生动的语言,怎不让人废寝忘食?庞大的艺术结构、生动的人物形象、精彩的小说细节、炉火纯青的叙事语言、博大精深的思想意识和如道如禅而又如行云流水的艺术境界,这些足以让人玩味再三。金庸的武侠小说实在是妙不可言、无与伦比啊!”众多武侠小说迷以为找到了知音,兴奋地鼓起了掌。

班主任接着说下去："同学们，一方是艰深的甚至是枯燥的科学知识，另一方是形象生动迷人，我们乐于为之饭不吃、茶不饮的武侠小说，我们选择哪一方呢？"同学们这才明白落入了班主任的圈套，而这个问题又是至关重要的，班长回答说："'鱼我所欲也，熊掌我所欲也，二者不可得兼，舍鱼而取熊掌者也。'现在学习任务这么重，我们只好把武侠小说放一放，集中精力与时间学习科学文化知识。我们不能干丢掉西瓜捡起芝麻的蠢事。其实，如醉如痴地读武侠小说的同学也是矛盾重重的，他们实在难以抵制武侠小说的诱惑。那么，怎么办呢？在这里，班主任教给你们一件法宝，那就是意志。"然后班主任介绍了意志的强者——海伦·凯勒、吴振铎、张海迪的事迹，"意志可以创造奇迹"，"意志铸造生活的强者"。深入浅出的道理打动了同学们的心，武侠小说迷清醒了，他们又获得了抵制武侠小说的法宝。

本招精要

业余爱好过热以致冲击了正常学习的情况是常发生的事，但这也是很棘手的问题。对此类问题，班主任不应采用简单的压制方法，最好发动全班同学讨论，采用比较的方法，教给痴迷者以顽强意志来抑制的法宝，既治标又治本，最终才能比较彻底地解决问题。

一味地挖苦、贬低，会导致孩子的反抗，反对父母，反对学校，或者反对整个世界。

——布鲁诺

防治作弊法

一件震动全校的事件在某校发生：几个学生找机会偷出试卷保管室的锁头，悄悄地到外面的小摊配了钥匙，然后神不知鬼不觉地送回了锁头，到后半夜他们打开试卷保管室的门偷走了试卷。事情败露后，不少学生还不以为然。而期末考试作弊的屡禁不止，作弊之风似愈演愈烈……为此某班主任不由得陷入了苦闷之中。怎样做才能在自己带的班中杜绝作弊现象呢？

众所周知，作弊其实是侥幸心、虚荣心在作怪。轻则靠作弊得个好成绩，骗人骗己，重则为人不诚实，造成他人的不信任，个人美好品质难以培养。作为一名老班主任，这样的道理没少讲，可作弊者依然我行我素。杜绝作弊确是个棘手的问题，是块难以搬走的拦路石啊！

沉疴需用新药医，积习需用新招治。

作弊与人格息息相关，杜绝作弊的新招数就要从培养学生的羞耻心、自觉性入手，要突出良好人格塑造的工作。经过几天的思考、几天的学习，班主任坚定了决心，计划将这个塑造人格的工程分为三步：第一步，发动个人书写“不自欺书”；第二步，班干部、小组讨论、评价各位学生的考试态度；第三步，向合格者颁发“信得过星级证书”。

第一步至关重要，它是前提，它是关键。班主任对全班同学们说：“我们现在正在开展向作弊宣战的活动。我先给你们讲一个发生在后汉的故事。清官杨震到外地巡视，有个地方官叫王密想靠杨震而升官。于是怀金十斤馈赠给杨震。杨震坚辞不受。王密以为是他担心传出去，说：‘现在是深更半夜，没人看得见。’杨震正色说：‘天知、神知、我知、你知。怎么说是‘无知’？’后人给他立了庙，名为‘四知庙’。古人尚且如此，我们是中华民族的希望，我们是中华民族的栋梁，难道还要自欺欺人吗？我相信大家一定会用笔、用心、用自己的人格写出“不自欺书”。

第二天，交上来几十份，经过筛选，班干部向全班同学们提出了一份“不自欺书”。又经过全班同学反复讨论修改，最后确定措辞。这以后这个班直至毕业都没有出现一个作弊者。

本招精要

作弊确实是顽症，是棘手的问题，这更需要班主任的教育机智，凡事动脑比不动脑要强百倍。在困难面前，班主任们决不能退却，更不能放纵；要打主动战，不获全胜不收兵。

第七编

助考篇

迎考动员必须做，而且要巧妙生动地做。怎样引导学生准确对待学习，怎样迎接考试，怎样鼓舞士气，激励学生勇敢地攀上高峰，这也是班主任的一项任务。班主任应精心思考，准确掌握学生的心理，才能出色地完成这项任务。

“宝剑锋从磨砺出，梅花香自苦寒来。”深夜里的孤灯奋战，夏日的涔涔汗水，父母亲的声声叮咛，师友们的殷殷期盼，都将化作无穷动力，催我们前行，鼓励我们成功。我们要相信自己的实力，坚信真金不怕火炼。但是我们也一定要精心准备、理性迎考才行。

古人云：“胜兵先胜而后求战，败兵先战而后求胜。”意思是说胜利的军队总是先创造获胜的条件，而后才寻求同敌决战，而失败的军队总是先同敌人交战，而后祈求侥幸取胜。考场上也是同理。我们常看到的成功者总是那些准备充分、胸有成竹的人，而失败者往往是战战兢兢、仓惶应对者。所以，面对考试，我们想提醒各位同学记住：自信的背后是充分的准备，成功的背后是充分的准备，幸运的背后还是充分的准备！

1. 明确目的，立志成才。目标是我们奋斗的方向，它能给我们动力。目标的确立必须符合每个人的实际，既不能太高，也不能太低。合适的目标会使人信心倍增，干劲更大。它会激励我们为之奋斗，在奋斗中我们的目标就会实现。

2. 树立信心，迎头赶上。“信心是基石，拼搏是保障。”充满信心，是走向成功的第一步。平时的学习既要和周围同学比，更要和自己比，相信自己能行。目前还有部分同学并不珍惜眼前的机会，显得精神不佳、作风散漫、作业拖拉，迟迟进入不了状态。出现这种情况，学校、老师应和家长联手，共同管理。时钟在不停地走，我们还有时间去拼搏、取得成功，但是我们却没有一分一秒的时间去浪费、去失败。

3. 珍惜时间，勤奋学习。时间是有限的，一天24小时，对每个人都一样，这就需要学会计划，精心安排好自己的学习时间。从大的方面说，就是要根据这一学期学习目标、学习任务，在参照教师教学安排的前提下，根据自己的实际情况，安排好自己的阶段学习计划，学习内容要适当超前，以有利于主动学习；从细处来说，每天要养成良好的学习习惯，抓紧时间，严格约束自己。做到课前认真预习，发现问题；课上带着问题，认真听讲，积极思考；课后认真作业，认真复习，提前预习。做到良性循环，主动发展。

4. 讲究方法，提高效率。在复习备考中我们要心诚、心静，要合理分配时间。要重视课堂学习，课堂学习是学习的主渠道，教师的教学是针对班级的学习情况，针对你们的实际，具有极强的实效性，千万不能自己另搞一套，浪费了时间，也收不到效果。

提高复习备考效率的另一个行之有效方法是每一学科准备一个改错本，将自己平时考试中作错的题或者容易混淆的概念记在这个本子上，平时和考前再从头到尾翻一翻，算一算，记一记，多次重复加深印象，到考试时就会胸有成竹和避免犯同样的错误了。

做好“三用”——用好自己的口，不懂就问，不留隐患；用好自己的手，老师布置的习题一定要动手做，只看不做就会出现看到题，题题都会，做起来题题都有失误，务必要防止眼高手低；用好自己的脑，提倡独立思考，对同类问题要注意归纳比较，这样，才能将知识内心化为自己的思维能力。

5. 遵守校内校外纪律，别因为这些事影响到学习情绪。

下面我们专门精选了几种具体的操作方法，班主任可以适当借鉴，以更好地完成助考任务。

我们教育工作者的任务就在于让每个儿童看到人的心灵美，珍惜爱护这种美，并用自己的行动使这种美达到应有的高度。

——苏霍姆林斯基

设奖促进法

高一第二学期的第一个班会,班主任在总结上学期期末的考试情况。黑板上有两行诗:“欲穷千里目,更上一层楼。”讲桌上放着两大摞笔记本,同学们静静地听班主任讲话。班主任说:“……下面我宣布获奖名单,获得二等奖的是总成绩名列全班 6 至 10 名的同学是……获得二等奖的还有单科成绩为前三名的是……获得二等奖的还有与上次考试相比进步了 5 至 10 个名次的是……获得一等奖的有总成绩名列全班前 5 名的是……获得一等奖的还有进步达 10 个名次及以上的是……请以上同学到台上领奖。”

在热烈的掌声中,获奖同学一一从班主任的手中接过奖品。奖品价值不高,但是同学们却觉得分量很重。周同学、吕同学自上高中以来，第一次因学习进步而获奖，原来因为成绩不理想，一直在自卑的阴影笼罩下。李同学从初中开始到现在，四年间没得过一次表扬，今天双颊红得像两片桃花，她给班主任鞠了个90度的大躬，然后才郑重地接过奖品。教室里洋溢着节日的气氛。

买奖品的钱来自家长奖励基金。高一新生入学不久，该班班主任即召开了一次家长会——越是普通班的孩子，家长越是关心，这次家长会无一缺席。快结束的时候，班主任就设立家长奖励基金的设想，征求了家长们的意见。目的是激励全班同学德智体美劳全面发展，激发他们奋发向上积极进取的精神。

原则是：(1)以精神鼓励为主，以物质奖励为辅；(2)以期中、期末考试成绩及校级以上竞赛所取得的成绩为主，以班级平常的竞赛成绩为辅；(3)突出奖励进步显著者，还要注意奖励某科进步较大者。每次奖励面不得少于全班总人数的三分之一；(4)家长自由捐款，最多不得超过30元。这笔捐款用在六个学期。建立家长奖励基金管理小组，由一名家长代表、一名学生代表和班主任共3人组成。每次家长会时，由班主任代表家长奖励基金管理小组向全体家长汇报家长奖励基金的使用情况。家长表示完全支持，当即就要掏钱捐款，不长时间就集资1200元。几次颁奖以后，获奖面几乎达到100%。虽然即使是一等奖，奖品的含金量也很低，但是同学们都很重视，很珍惜，因为他们觉得这是自己进步的标志，这代表了家长和班主任的一片心、一份希望和一份美好的祝福。

本招精要

上文中的设立家长奖励基金的办法其实只是班主任工作万千办法中的一种。在充分考虑可行性的基础上,班主任完全可以大胆创新工作方法,鼓励先进,激励进步者。如果可以将有限的物质化为无限的精神力量,随之必会转化为实际行动。一个差生或许由此而起步,一个优等生或许由此而腾飞。

一分耕耘，一分收获，要收获得好，必须耕耘得好。

——徐特立

迎考鼓劲法

教育学生怎样对待学习，怎样迎接考试，怎样鼓舞士气，激励学生勇敢地攀上高峰，这也是班主任的一项任务。

一学期一度的期末考试只有半月的时间了，可是不少同学还是慢条斯理，不能投入紧张的备考准备中；有的同学慌里慌张、手足无措，不知怎样熬过这半个月……看到全班情绪不稳，某班主任很是着急，因为这不仅会影响学习成绩，而且还会影响他们的健康成长。

第二天晨会时间，班主任走进教室后，一反常规，一声不吭，提笔在黑板上写下了一个大大的“战”字。同学们纳闷地看着黑板。班主任又在“战”字前画了六个箭头。在第一个箭头前写了个“避”字，在第二个箭头前写了个“厌”字，然后依次写下

"轻"、"敢"、"乐"、"善"四个字。放下粉笔，转过身来，班主任注视着全班同学说："'避战'，期末考试即将来临，我们都躲到五台山上去当和尚，待考试结束再还俗，行吗？"幽默的几句话说得同学们都笑了。班主任接着说："考试是一种检测，是学生检查自己的学习情况、老师检查自己的教学情况的一种手段，避是避不开的。'厌战'，是避不开的，那么烦躁不安地复习，硬着头皮进考场，能成功吗？当然，'轻战'也是不妥当的。轻视考试，士气不振，必导致失败。我们要重视这次考试，认真总结学习情况，给这学期的学习画个圆满的句号。下面请班长分析分析'敢战'这两个字的含义。"

班长站起来，思考了一会儿，分析道："顾名思义，'敢战'就是无所畏惧，敢于战斗。依我看，其实，人生就是考场。不经过九九八十一难，唐僧不会取得真经；一个学生不经过九九八十一考，就难以学到真知识。与其胆战心惊、哆哆嗦嗦，不如昂首挺胸、阔步向前。"素有"学究"之称的李同学接着说："我毛遂自荐讲讲'乐战'二字。孔夫子云：'知之者不如好之者，好之者不如乐之者。'乐战，乐于战斗，主动迎战，笑对战场，那么我们就会有高一级的精神享受。马克思、恩格斯讲，在科学的入口处就如同地狱的入口处一样。如果乐战，科学地狱也就如同天堂。如果苦于考试，身置科学的神圣殿堂也如同下地狱。"听着这很有哲学意味的分析，全班同学都有所感悟地点头。

班主任又接着说："'敢战'、'乐战'还不够，还要'善战'。善于战斗，合理利用时间，充分做好准备，开始时讲求策略，掌握先易后难、循序渐进的原则可以收到事半功倍的效果。"然后班主任又请几位同学介绍了复习方法、应试技巧。全班有了跃跃欲试、摩拳擦掌的劲头，教室里也开始弥漫起考前的紧张气氛。

迎考动员必须做，而且要巧妙生动地做。考试前学生产生的厌倦、松懈等情绪，不是正常现象，必须纠正，否则对人才成长极为不利，甚至还会影响他们的一生。班主任对此类问题决不可掉以轻心。怎样对待学习，怎样迎接考试，怎样鼓舞士气，激励学生勇敢地攀上高峰，这也是班主任的一项任务。班主任要精心思考，准确抓住学生的心理，出色地完成这项任务。

经一蹶者长一智，今日之失，未必不为后日之得。

——王阳明

考后功夫法

教育无小事,处处有学问。考试总结不能只盯着分数,更要激励他们自强不息,树立勇往直前、百折不挠的精神,使优异者干劲更足,不尽如人意者能重整旗鼓勇向前。

某班热火朝天,一阵阵掌声震耳欲聋,原来是举行一次智力游戏竞赛。班主任站在讲台前,背后的黑板正中有一行字:万马齐奔(　)者胜。它的左边有一个“男”字,它的右边有一个“女”字。这是干什么呢?这是班主任在主持男女同学间的竞赛,竞赛的内容是文字填空。这时,左边填上了“勇”、“实”、“强”三个字,右边填上了“巧”、“搏”、“恒”三个字,旗鼓相当。小胖子张洁走上前,又在左边填上个“勤”字,男生热烈鼓掌。有张娃娃脸的丁莉也走上前,添了个“智”字,大家哄堂大笑。丁莉丈二和尚摸不着头脑，过了半天才恍然大悟，原来是填错了地方，把球踢进了自己的球门。待笑声平息下去，班主任说："同学们填得好！这绝不是搞文字游戏。这次考试，人人摩拳擦掌，都想一路领先，形成了万马齐奔之势。那么谁能取胜呢？勇敢无畏的'勇者'会胜，扎实塌实的'实者'会胜，自强不息的'强者'会胜，思路敏捷的'巧者'会胜，拼搏奋进的'搏者'会胜，坚持不懈的'恒者'会胜，勤奋好学的'勤者'会胜，足智多谋的'智者'会胜。总之，同学们归纳出的'勇'、'实'、'强'、'巧'、'搏'、'恒'、'勤'、'智'确实是我们取胜的条件，是我们应该具备的学习品质。"

原来，依照惯例，这个班会应该总结考试情况。但班主任想，从一定意义讲，考后总结比考试成绩更重要。它关系到能否增强信心、能否找出今后努力方向的大问题。考前，学生紧张；考后，学生更紧张。怎样做好总结，不能掉以轻心。根据经验，可以归纳出几种模式。

第一种，全面总结成绩。每人总分、平均分、各科平均分，宣布张三多少分、李四多少分，清清楚楚，毫无遗漏，甚者连同名次都一一曝光。第二种，反面刺激式。侧重于失败，侧重于批评。第三种，激励鼓励式。只公布本班各科平均分、前五六名，特别表扬总分优异者与学习进步幅度大的同学。对名次落后、成绩退步的同学当场不公布，留待课下个别谈话时再有的放矢地帮助分析。

经过比较，第一种简单易行，但会给一部分同学造成心理压力；第二种让全班在灰色基调中低沉下去，难以抬头；第三种虽然复杂麻烦、费时费力，但是效果好。为了创设紧张愉快的气氛，班主任又推出男女同学填空对抗赛，不知不觉地引入主题。表扬了总成绩优异者、学习进步幅度大者、成绩突出的小组……胜者不可骄傲，败者切勿自卑。来日方长，一切从零开始，能触礁的未必不是勇士，敢失败的未必不是英雄。不必太关心奋斗的结局如何。奋斗了，就问心无愧；奋斗了，就是成功的人生。这样的班会必将给同学们留下了长久的思考。

本招精要

教育无小事，处处有学问。普通又普通的考后总结，班主任切不可掉以轻心，不可因为轻车熟路而敷衍塞责。同时考试总结不能只盯住分数，更要注意学生的心理，更注重分析解决学生考试中实际存在的各种问题，激励学生自强不息，树立勇往直前、百折不挠的精神。班主任工作应力求做到：考试总结后，成绩优异者干劲更足；成绩不尽如人意者能增强信心，精神抖擞，重整旗鼓勇向前，而不是变成经霜打的茄子。

每个人都有一定的理想，这种理想决定着他的努力和判断的方向。

——爱因斯坦

冲刺激励法

万事开头难，人人皆知，然而如何做好结尾的工作，却往往为人们所忽略。做好冲刺激励，对即将毕业的学子也至关重要。

高考迫在眉睫，某班主任为了在冲刺阶段做好鼓舞士气的工作而给学生朗诵了著名诗人郭小川创作的《祝酒歌》，那铿锵雄壮的诗句，现在读起来还有巨大的震撼力，让人怦怦心跳。班长赵强眼含热泪说："我们高三(1)班即将解体，同学们即将各奔前程。我们在一起生活了三年，风雨同舟，苦乐与共。一旦分手，心里都不是滋味。为了明天，我们只能分手；分手，友谊也会天长日久。刘老师三年间给了我们多少爱，为班级建设付出了多少心血，我们人人心里有杆秤。今天是我们班最后一个班会，刘老师自己掏腰包买了四盆鲜花，还给每个人买了瓶汽水，刚才又为我们朗诵了《祝酒歌》，朗诵得多么精彩，真不愧是特级教师！真是‘点点香浓，意犹未尽’啊！”又是一阵热烈的掌声，教室里响起了欢快的《祝酒歌》旋律。

班主任说：“孩子们！——这是三年间我第一次这样称呼你们，你们比我的儿子、女儿小不了几岁，你们就是我、我们老师的孩子。三年间的苦辣酸甜即将成为历史，高三(1)班这个集体会印在你们的心底。你们即将参加高考，接受祖国的挑选。你们即将告别母校，离开高三(1)班这个大家庭，各奔前程。俗话说‘儿行千里母担忧’，何况咱们一分手，不知何年再重逢。班主任确实舍不得你们。但是好男儿志在四方，分手的时候，咱们不能缠绵悱恻泪长流，痛哭流涕心欲碎，一个个都像林妹妹。千言万语也难以倾尽心中的情，万语千言也叮嘱不完。我只说一句，永远做堂堂正正的人。最后，我提议——举起汽水瓶，以水代酒，为你们壮行。祝你们一帆风顺、一鼓作气、一举成功！”几十支胳膊高高举起，班主任慢慢地走在课桌间，和同学们一一“碰杯”，同学们个个热泪盈眶。班主任坚信他的学生在高考中必定会取得优异的成绩，在人生道路上必定会成为强者。

本招精要

万事开头难，这是人人皆知的道理；而如何做好结尾的工作，却往往为人们所忽略。高三毕业是高中生活的结束，何尝不是新的一段生活的开端？班主任应当善始善终，为班集体画个圆满的句号，为学生的最后冲刺添威加力。为此，班主任可以或者自费买了几十瓶汽水，设计一个“汽水班会”,或者采取其他的形式,创造易于激起情感浪花的氛围。我们要相信精神可以变物质,这样的班会会化作无穷的力量,让学生在最后的考试中考出优异成绩,也将鞭策他们在未来的人生路上奋力前行。

读书不觉已春深，一寸光阴一寸金。

——王贞白

惜时教育法

利用故事对青少年进行“惜时”教育，也可达到“润物细无声”的效果。不过要注意故事要精选，要做好铺垫，渲染好气氛。

有个班主任给学生算了一笔时间账：“同学们，现在距高考还有 14 天，14 天等于 336 小时，336 小时等于 20160 分钟，20160 分钟又等于 1209600 秒……你们各位是名副其实的‘百万富翁’啊，来日方长，时间有的是。自由复习期间，可以高枕无忧地睡到上午 10 点钟，起床后千万不要看书，可以观赏两小时的电视；吃过午饭后，再高枕无忧地睡到下午 5 点；散会儿步，吃过晚饭后，可别忘了玩玩游戏机。游戏机不愿玩，到街头路灯下甩几把扑克也挺好，只是别看书、少看书，别累坏自己。反正咱们手里有上百万呢！”在座的学生越听越觉得邪乎。话音未落，班里笑声连成一片。

齐同学说:“这样睡了吃,吃了睡,倒是挺滋润。人家都减肥,咱们是催肥啊。”阎同学高喊:“哎哟!老师饶了我们吧。这样做的话,我们猴年马月能毕业,能考上大学啊!”待教室平静下来,班主任严肃地说:“刚才算的是笔歪账。14 天,可是转眼即逝啊!时不我待,刻不容缓。希望大家珍惜分分秒秒,充分复习好功课,迎接最后的冲刺,迎接祖国的挑选。”同学们由衷地点头。班主任讲完,同学们都聚精会神地投入了学习。在完全自由复习期间,这个班的同学珍惜时间,刻苦学习,在高考中取得了优异的成绩。

班主任先说反话,荒诞的推算,夸大的言辞,让学生一下子就明白了时间宝贵的道理,最后归到正话,也是点到为止。这个方法很巧妙。如果一开始就是一味地强调时间宝贵的道理(其实这是人人皆知、不言而喻的,何况是即将高中毕业的学子),其效果恐怕会大相径庭吧!正话反说,殊途同归,德育工作中类似的高招该出手时就出手啊!

关于“惜时教育”,班主任还讲了一个令人深思的故事:夜深了,一位巴格达商人走在黑漆漆的山路上。突然,有个神秘的声音传来:“弯下腰去,多捡些小石子儿,明天会有用的!”商人弯下腰,捡起几颗小石子儿。到了第二天,商人从口袋中掏出小石子儿看时,才发现那所谓的小石子儿原来是一颗颗亮晶晶的宝石!自然,也正是这些宝石,使他立即变得后悔不迭——天啊!昨晚怎么就没有多捡些呢?这其实是科学家巴甫洛夫讲给他的学生们的一个故事。尤其发人深省的是,巴甫洛夫在讲完之后意味深长地说了这么一段话:“教育就是这么回事——当我们长大成人之后,才会发现以前学的科学知识是珍贵的宝石;我们这时也会觉得可惜,因为我们学到的毕竟太少了!”对即将毕业的学子来说,珍惜宝贵的学习时间,做好迎考的充分准备,无疑是至关重要的。

本招精要

班主任利用精选的故事对青少年进行“惜时”教育,也可达到“润物细无声”的效果。采用这个方法的关键在:第一,故事要精选。所讲的故事必须寓意深刻,耐人寻味,还要生动引人,并且要有很强的针对性,深浅程度要符合学生年级、年龄的特点。第二,要做好铺垫。不是为讲故事而讲故事,而是借故事进行“惜时”教育,据此必须渲染好气氛,奠定好基础,这样才能取得良好的效果。